KB075206

스마트 독일어

스마트 독일어

SMART DEUTSCH

남유선 지음

가장 쉽고 빠르게 배우는 기초 독일어 첫걸음

Contents

· 들어가는 글   ... 16

· 알파벳과 발음   ... 18

· Deutschland   ... 22

— Partie 1 · Grammatik —

» Lektion 01 - **eins, zwei, drei**   ... 25

    Smart-Point

    (1) 0에서 12까지는 독자적인 어휘

    (2) 13에서 19까지는 기본 숫자에 zehn을 더한다

    (3) 십 단위 숫자는 기본 숫자에 -zig를 더한다

    (4) 21과 22는 [끝수-und-십 단위 숫자] 순으로 쓴다

    (5) 백, 천, 만, 십만, 백만

    (6) 문장 속의 숫자

    Smart-Tipps : 독일 화폐 단위 읽는 법

    Übung macht den Meister

    Wortschatz

» Lektion 02 - **동사의 현재인칭 변화(Ⅰ)**   ... 30

    Smart-Point

    (1) 동사의 부정형

    Smart-Tipps : 부정형이란?

    (2) 인칭대명사(주어)

    Smart-Tipps : 친칭과 존칭

    (3) 동사의 현재인칭 변화

Übung macht den Meister

Wortschatz

» Lektion 03 - **sein, haben** 동사의 현재인칭 변화   ... 34

Smart-Point

(1) sein 동사의 현재인칭 변화

Smart-Tipps: 존칭 2인칭대명사와 복수 3인칭대명사

(2) haben 동사의 현재인칭 변화

Übung macht den Meister

Wortschatz

» Lektion 04 - 명사의 성   ... 38

Smart-Point

(1) 명사는 성을 가진다

Smart-Tipps: 명사의 성을 식별하는 법

(2) 명사의 성은 관사를 통해 표현된다

(3) 단수 3인칭대명사는 영어와 다르게 사용된다

(4) 명사의 첫 글자는 항상 대문자로 시작한다

Smart-Tipps: 복합명사의 성과 강세

Übung macht den Meister

Wortschatz

» Lektion 05 - 명사의 격과 관사의 변화   ... 42

Smart-Point

(1) 독일어에는 4개의 격이 있다

(2) 격은 관사를 통해 표현된다

  • 정관사의 격 변화

• 부정관사의 격 변화

Smart-Tipps : 정관사와 부정관사

(3) 문장에서의 격 용법

Smart-Tipps : 독일어 명사의 특성

Übung macht den Meister

Wortschatz

» Lektion 06 - 어순과 의문사   ... 47

Smart-Point

(1) 평서문

• 동사가 두 번째 나온다

• 문장 첫머리에 주어 외에 다른 문장 성분도 올 수 있다

(2) 의문문

• 의문사가 없는 의문문

• 의문사가 있는 의문문

(3) 의문사의 종류

• 의문대명사

• 의문부사

Übung macht den Meister

Wortschatz

» Lektion 07 - 긍정 • 부정 대답과 부정어   ... 54

Smart-Point

(1) 질문에 대답하는 방법: ja, nein, doch

(2) 부정어 nicht의 위치

(3) 명사 부정에는 kein

Smart-Tipps : kein의 변화형

Übung macht den Meister

Wortschatz

» Lektion 08 - 동사의 현재인칭 변화(Ⅱ)   ... 60

Smart-Point

(1) 규칙 변화

(2) 불규칙 변화

Smart-Tipps: 현재형이 진행형을 대신한다

Übung macht den Meister

Wortschatz

» Lektion 09 - 명령형   ... 64

Smart-Point

(1) du에 대한 명령형

Smart-Tipps: 불규칙동사의 명령형

(2) ihr에 대한 명령형

(3) Sie(존칭)에 대한 명령형

(4) sein 동사의 명령형

Übung macht den Meister

Wortschatz

» Lektion 10 - 인칭대명사, 소유대명사, 부정대명사   ... 70

Smart-Point

(1) 인칭대명사의 종류와 성·수·격

Smart-Tipps: 3인칭대명사 쉽게 암기하는 법

(2) 소유대명사의 종류와 격 변화

(3) 부정대명사

- 부정대명사 man
- 부정대명사 etwas, nichts

Übung macht den Meister

Wortschatz

» Lektion 11 - 비인칭주어 **es**   ... 77

Smart-Point

(1) 자연현상 표현

(2) 시간 표현

Smart-Tipps: 때를 나타내는 표현

(3) es가 사용되는 관용적 표현

Übung macht den Meister

Wortschatz

» Lektion 12 - **명사의 복수형**   ... 81

Smart-Point

(1) 명사의 복수형

Smart-Tipps: 사전에서 명사 변화 찾는 법

(2) 명사 복수형의 격 변화

Smart-Tipps: 다시 한 번, 독일어 관사

Übung macht den Meister

Wortschatz

» Lektion 13 - **전치사**   ... 87

Smart-Point

(1) 2격 지배 전치사

(2) 3격 지배 전치사

(3) 4격 지배 전치사

(4) 3·4격 지배 전치사

Smart-Tipps: **auf**와 **über**의 차이, **an**과 **neben**의 차이

(5) 전치사와 정관사의 융합형

Smart-Tipps: 융합형을 사용하지 않는 경우

Übung macht den Meister

Wortschatz

>> Lektion 14 - **화법조동사**   ... 97

Smart-Point

(1) 화법조동사의 종류

(2) 화법조동사의 현재인칭 변화

(3) 화법조동사의 위치

(4) 화법조동사의 용법

(5) 중요한 표현: **möchten** ~하고 싶다

Übung macht den Meister

Wortschatz

>> Lektion 15 - **형용사**   ... 102

Smart-Point

(1) 형용사의 3가지 용법

(2) 형용사의 어미 변화

　• 관사가 없을 경우(형용사+명사)

　• 정관사가 쓰일 경우(정관사+형용사+명사)

　• 부정관사가 쓰일 경우(부정관사+형용사+명사)

Übung macht den Meister

Wortschatz

» Lektion 16 - 형용사의 비교급과 최상급 ... 108

Smart-Point

(1) 형용사의 비교급과 최상급

  • 규칙 변화

  • 불규칙 변화

(2) 형용사 비교급과 최상급의 용법

  • 부가적 용법

  • 술어적 용법

  • 부사적 용법

  • 추가 표현

Übung macht den Meister

Wortschatz

» Lektion 17 - 첫 번째, 두 번째, 세 번째 ... 114

Smart-Point

(1) 서수

(2) 서수의 용법

  • 정관사와 함께 부가적으로 사용

  • 날짜를 표현할 때

Smart-Tipps : 1900년대까지 연호 읽는 법

(3) 요일, 월, 계절

Übung macht den Meister

Wortschatz

» Lektion 18 - 분리동사와 비분리동사 ... 120

Smart-Point

(1) 분리동사

- 주요 분리전철
- 분리동사의 뜻
- 강세 위치
- 분리동사의 위치

(2) 비분리동사
- 주요 비분리전철
- 비분리동사의 뜻
- 강세 위치
- 비분리동사의 위치

Übung macht den Meister

Wortschatz

» Lektion 19 - 동사의 3기본형   ... 126

Smart-Point

(1) 규칙 변화

(2) 불규칙 변화

(3) 분리동사와 비분리동사의 3기본형

Übung macht den Meister

Wortschatz

» Lektion 20 - 과거인칭 변화   ... 132

Smart-Point

(1) 과거인칭 변화 어미

(2) 동사의 과거인칭 변화

(3) sein과 haben 동사의 과거인칭 변화

Übung macht den Meister

Wortschatz

» Lektion 21 - **현재완료와 과거완료** ... 136

Smart-Point

(1) 완료시제의 기본 형태

Smart-Tipps : 사전 보기 - sein과 결합하는 동사

(2) sein을 완료조동사로 취하는 동사

- 장소의 이동을 나타내는 동사
- 상태의 변화를 나타내는 동사
- sein, bleiben 동사
- 3격 목적어를 취하는 일부 동사

(3) 문장에서의 완료형의 위치

(4) 현재완료와 과거완료

Smart-Tipps : 과거형은 문어체에서, 현재완료형은 구어체에서

Übung macht den Meister

Wortschatz

» Lektion 22 - **미래와 미래완료** ... 143

Smart-Point

(1) 미래형 : 'werden ~ 동사부정형'

Smart-Tipps : 현재가 미래를 대신한다

(2) 미래완료형 : 'werden ~ 과거분사+haben/sein'

Smart-Tipps : 독일어 시제 종합 정리

Übung macht den Meister

Wortschatz

» Lektion 23 - **접속사** ... 147

Smart-Point

(1) 병렬접속사

Smart-Tipps: 나열구조에서 und와 oder 사용

(2) 종속접속사

(3) 부사적 접속사

(4) 복합접속사

Übung macht den Meister

Wortschatz

» Lektion 24 - **수동태**   ... 156

Smart-Point

(1) 수동문 만드는 방법 – 타동사의 수동

(2) 수동문 만드는 방법 – 자동사의 수동

(3) 상태 수동

Smart-Tipps: 상태 수동과 동작 수동의 차이

(4) 수동의 시제

Übung macht den Meister

Wortschatz

» Lektion 25 - **관계대명사**   ... 162

Smart-Point

(1) 정관계대명사 der, die, das, die

  • 관계대명사 der, die, das, die의 격 변화

  • 관계문 만드는 방법

  • 전치사와 함께 쓰이는 관계대명사

(2) 관계대명사 wer, was

  • 관계대명사 wer, was의 격 변화

  • 관계대명사와 관계문

Übung macht den Meister

Wortschatz

» Lektion 26 - **zu** 부정사   ... 169
  Smart-Point
  (1) zu의 위치
  (2) zu 부정사의 용법
     • 주어
  Smart-Tipps : zu 부정사구와 가주어 es
     • 술어
     • 목적어
     • 부가어
     • 전치사와 결합
  Übung macht den Meister
  Wortschatz

» Lektion 27 - 접속법   ... 175
  Smart-Point
  (1) 접속법의 동사 인칭 변화
     • 접속법 1식
     • 접속법 2식
  (2) 접속법의 용법
     • 간접 화법
     • 비현실 화법
     • 예의 화법
  Übung macht den Meister
  Wortschatz

— **Partie 2** · Anhang —

- Übung macht den Meister 해답   ... 182
- 단어 모음(독일어-한국어)   ... 204
- 어휘 모음(한국어-독일어)   ... 218
- 독일어 변화표   ... 232
- 불규칙동사 변화표   ... 236

초보자를 위한
쉽고 실용적인 스마트 독일어

이 책 『스마트 독일어』는 초보자에게 적합한 책입니다.

저는 수년간 독일어를 처음 시작하는 학습자들과 함께 '독일어'라는 집을 짓고 있습니다. 이 책은 이제 막 집을 짓기 시작하는 학습자들을 위한 것입니다.

이 책은 다음과 같은 특성을 지니고 있습니다.

• 독일어를 스마트하게 배울 수 있습니다.

〈Smart Tipps〉에는 핵심 내용을 정리하였고, 한 과는 3쪽 이내로 간결하게 구성하였습니다.

• 도표로 독일어 문법을 일목요연하게 정리했습니다.

독일어 문법을 도표로 정리하여 쉽게 공부할 수 있도록 하였습니다.

• 실용적인 독일어를 사용했습니다.

일상생활에 필요한 실용적인 독일어를 사용하여 필수 문법과 필수 어휘를 동시에 습득할 수 있게 하였습니다.

• 〈Smart Tipps〉로 2% 부족한 부분을 채웠습니다.

핵심 내용에 필요한 부가적 설명은 〈Smart Tipps〉에 간결하게 정리했습니다.

• 연습 문제에서 핵심적인 내용을 확실하게 배울 수 있습니다.

독일 격언 "Übung macht den Meister(연습이 장인을 만든다)."라는 말처럼 연습 문제로 독일어의 기초 실력을 탄탄하게 다질 수 있습니다.

• 사전 없이도 독일어를 배울 수 있습니다.

본문 내용에 나오는 단어를 매번 정리해 사전 없이도 독일어를 공부할 수 있습니다.

• 독일어 발음을 확실하게 배울 수 있습니다.

독일어 발음의 특징을 간결하게 정리하였습니다. Heiko Kratzke 교수와 함께 독일어를 정확하게 읽을 수 있습니다.

• 부록을 알차게 꾸몄습니다.

독일어의 핵심적인 변화형들을 일목요연하게 정리했고, 단어들을 [독일어-한국어]와 [한국어-독일어]로 정리했습니다. 또한 불규칙동사 변화표를 초보자에게 어울리는 기초 단어로 정리했습니다.

이 책을 주춧돌로 삼아 모쪼록 멋진 '독일어' 집을 완성하길 빕니다.

이 책이 세상에 나오기까지 많은 도움을 주신 민향기 선생님, 이영 선생님, 이철우 선생님, 임병화 선생님, 황은미 선생님, 박정용 학생에게 깊은 감사를 드립니다. 특히 독일어 녹음을 해주신 Heiko Kratzke 교수님과 이 책을 흔쾌히 출간해주신 벗나래 김진성 사장님께 무한한 감사의 마음을 전합니다.

저자 남유선

알파벳과 발음

1. 독일어 알파벳

독일어 알파벳은 영어와 같은 26개 알파벳과 독일어 특유의 4개의 알파벳으로 구성되어 있다. 독일어 알파벳은 아래와 같이 읽는다.

A	a	[aː]	아	P	p	[peː]	페
B	b	[beː]	베	Q	q	[kuː]	쿠
C	c	[tseː]	체	R	r	[ɛr]	에르
D	d	[deː]	데	S	s	[ɛs]	에스
E	e	[eː]	에	T	t	[teː]	테
F	f	[ɛf]	에프	U	u	[uː]	우
G	g	[geː]	게	V	v	[fau]	파우
H	h	[haː]	하	W	w	[veː]	베
I	i	[iː]	이	X	x	[iks]	익스
J	j	[jɔt]	요트	Y	y	[ypsilɔn]	웹실론
K	k	[ka]	카	Z	z	[tsɛt]	체트
L	l	[ɛl]	엘	Ä	ä	[ɛː]	아-움라우트
M	m	[ɛm]	엠	Ö	ö	[:]	오-움라우트
N	n	[ɛn]	엔	Ü	ü	[yː]	우-움라우트
O	o	[oː]	오		ß	[ɛstsɛt]	에스체트

2. 독일어 발음의 기본 원칙

- 독일어는 대개 알파벳 소리대로 읽는다. ex) Haus [하우스] 집
- 강세는 대개 첫 음절에 있다. ex) Name [나-메] 이름
- 모음 뒤에 자음이 1개 나오면 길게, 1개 이상 나오면 짧게 발음한다.
  ex)Brot [브로-트] 빵, Gast [가스트] 손님

3. 모음 Vokale

(1) 단모음

	단음	장음
a 아	[a] Amt 암트, Karte 카르테	[a:] Abend 아-벤트, Vater 파-터
e 에	[ɛ] elf 엘프, Bett 베트	[e:] eben 에-벤, Rede 레-데
i 이	[ɪ] ist 이스트, bitten 비텐	[i:] Bibel 비-벨, Titel 티-텔
o 오	[ɔ] oft 오프트, Kopf 코프	[o:] Ofen 오-펜, Brot 브로-트
u 우	[u] Mutter 무터, und 운트	[u:] du 두-, Hut 후-트

- 모음 뒤에 자음이 1개 나오면 길게 발음한다.
- 모음 뒤에 자음이 1개 이상 나오면 짧게 발음한다.

(2) 복모음 / 이중모음

aa [a:]	아-	Haar 하-르	Saal 자-ㄹ
ee [e:]	에-	Tee 테-	See 제-
oo [o:]	오-	Boot 보-트	Moos 모-스
au [au]	아우	Haus 하우스	Frau 프라우
ei, ey [ai]	아이	Wein 바인	Meyer 마이어
eu, äu [ɔy]	오이	heute 호이테	Fräulein 프로이라인
ie [i:]	이-	wie 비-	Liebe 리-베

(3) 변모음

	단음	장음
ä 에	[ɛ] Kälte 켈테, Hände 헨데	[ɛ:] Käse 케-제, Träne 트레-네
ö 외	[oe] Löffel 뢰펠, öffnen 외프넨	[φ:] Öl 외-ㄹ, Töne 퇴-네
ü 위	[y] Hütte 휘테, fünf 퓐프	[y:] Hügel 휘-겔, über 위-버

- ä, ö, ü는 각각 ae, oe, ue로 표기해도 된다(특히 컴퓨터 자판이 독일어 알파벳을 지원하지 않을 경우).

4. 자음 Konsonanten

(1) 단자음

b	[b] [p]	Bus 부스, Brot 브로-트 halb 할프, gelb 겔프	⟨b⟩뒤에 모음이 안 나오면 [p]로 발음한다.
c	[k] [ts]	Cafe 카페, Creme 크레-ㅁ Cent 쎈트, circa 치르카	
d	[d] [t]	Dame 다-메, drei 드라이 Freund 프로인트, Hand 한트	⟨d⟩뒤에 모음이 안 나오면 [t]로 발음한다.
f	[f]	auf 아우프, Frau 프라우	
g	[g] [k] [iç]	Gabel 가-벨, Gast 가스트 Tag 타-ㅋ, Berg 베르크 Honig 호-니히, lustig 루스티히	⟨g⟩뒤에 모음이 안 나오면 [k]로 발음한다. 단어 끝의 -ig는 [이히]로 발음한다.
h	[h] [:]	Hut 후-트, Haus 하우스 gehen 게-엔, froh 프로-	⟨h⟩가 모음 뒤에 나오면 발음하지 않고 앞 모음을 길게 발음한다.
j	[j]	ja 야-, jung 융	
k	[k]	kalt 칼트, Kind 킨트	
l	[l]	Ball 발, leben 레-벤	
m	[m]	Monat 모-나트, Morgen 모르겐	
n	[n]	neben 네-벤, nein 나인	
p	[p]	Post 포스트, Prost 프로스트	
q(u)	[k(v)]	Quelle 크벨레, Qual 크바-ㄹ	⟨q⟩는 항상 ⟨u⟩와 함께 쓰이며 [kv]로 발음한다.
r	[r]	Reis 라이스, Rad 라-ㅌ Bier 비-어, wer 베-어 Vater 파-터, Mutter 무터	⟨r⟩가 단어 끝에 나올 때 [어]로 발음한다. 단어 끝의 ⟨er⟩은 [어]로 발음한다.
s	[s] [z]	Maus 마우스, Plus 플루-스 senden 젠덴, sagen 자-겐	⟨s⟩가 모음 앞에 나오면 [ㅈ]로 발음한다.
t	[t]	Traum 트라움, Tat 타-ㅌ	
v	[f] [v]	Vater 파-터, voll 폴 Vase 바-제, Klavier 클라비-어	
w	[v]	Welt 벨트, Winter 빈터	
x	[ks]	Text 텍스트, Taxi 탁시	
z	[ts]	zwei 츠바이, Arzt 아르츠트	

(2) 복자음

ch	[x] [ç] [k] [ʃ]	Bach 바흐, Buch 부흐 ich 이히, nicht 니히트 Chaos 카오스, Christ 크리스트 Chance 샹세, Chef 쉐프	〈ch〉가 〈a, o, u〉 다음에 나오면 [흐] 또는 [크]로 발음한다. 〈e, i〉 또는 자음 뒤에서는 [히] 또는 [키]로 발음한다.
chs	[ks]	Ochs 옥스, sechs 젝스	
ck	[k]	Zucker 추커, locker 로커	
ds	[ts]	Landsmann 란츠만, abends 아-벤츠	
dt	[t]	Stadt 슈타트, Schmidt 슈미트	
ng	[ŋ]	jung 융, Finger 핑어	
nk	[ŋk]	trinken 트링켄, danken 당켄	
pf	[pf]	Pferd 페어트, Kopf 코프	
ph	[f]	Physik 피지-ㄱ, Phase 파-제	
rh	[r]	Rhein 라인, Rhetorik 레토-릭	
sch	[ʃ]	Schwester 슈베스터, Schule 슐-레 Mensch 멘쉬	〈sch〉는 단어 첫머리에서는 [슈]로, 단어 끝에서는 [쉬]로 발음한다.
sp	[ʃp] [sp]	Sprache 슈프라헤, Sport 슈포르트 Knospe 크노스페, Wespe 베스페	〈sp〉가 단어 첫머리에 나오면 [슈프]로 발음한다.
st	[ʃt] [st]	Staat 슈타-트, Stein 슈타인 Fenster 펜스터, Kunst 쿤스트	〈st〉가 단어 첫머리에 나오면 [슈티]로 발음한다.
th	[t]	Theater 테아-터, Thema 테마	
ts	[ts]	nachts 나흐츠, bereits 베라이츠	
tsch	[tʃ]	Deutsch 도이취, Quatsch 크바취	
tz	[ts]	jetzt 에츠트, Netz 네츠	
ß	[s]	Fuß 푸스, heißen 하이센	〈ß〉는 〈ss〉로 표기해도 된다(특히 컴퓨터 자판이 독일어 알파벳을 지원하지 않을 경우).

Deutschland

정식 명칭은 독일연방공화국(Federal Republic of Germany)이고, 영어로는 Germany이다. 북쪽으로 북해와 발트해, 덴마크와 접하며, 동쪽으로는 폴란드·체코, 남쪽으로는 오스트리아·스위스, 서쪽으로 프랑스·룩셈부르크·벨기에·네덜란드와 접하고 있다. 국경선 안쪽으로는 알프스 산맥, 라인강, 다뉴브강, 슈바르츠발트 산맥이 자리하고 있다. EU(European Union : 유럽연합)의 창설국으로 면적은 35만 7022㎢이고, 인구는 8085만 4408명(2015년 현재)이며, 수도는 베를린이다. 행정 구역은 16개주로 되어 있다.

인구의 대부분은 게르만족이고, 유태인·슬라브인·위그노인 등의 소수민족이 있다. 언어는 고지독일어(高地獨逸語)와 저지독일어(低地獨逸語)로 나뉘며 일반적으로 고지독일어를 표준어로 삼고 있다. 독일 국기는 위로부터 검정, 빨강, 노랑으로 구성되어 있다.

종교는 신교와 구교가 주류를 이룬다. 신교는 주로 북부와 동부에 분포하여 전체 인구의 약 51%가 믿고 있으며, 구교는 주로 남부와 서부에 분포하여 전체 인구의 약 48%가 믿고 있다. 기후는 서유럽의 해양성 기후와 동유럽의 대륙성 기후의 중간형이다.

2015년 현재 국내총생산은 3조 4000억 달러, 1인당 국민소득은 4만 1955달러이다. 우리나라의 대 독일 수출액은 62억 달러로 주종목은 자동차·무선 전화기·선박 등이고, 수입액은 210억 달러로 자동차·직접회로 반도체·자동차 부품 등이 주종을 이룬다.

출처: 한국민족문화대백과, 한국학중앙연구원

Partie 01

Grammatik

eins, zwei, drei

Smart-Point

- 독일어 숫자는 영어와 마찬가지로 0에서 12까지는 독자적인 어휘로 표현한다.
- 13부터는 일정한 규칙에 의한 조합으로 이루어진다.

0		null
1		eins
2		zwei
3		drei
4		vier
5		fünf
6	(1) 0에서 12까지는 독자적인 어휘	sechs
7		sieben
8		acht
9		neun
10		zehn
11		elf
12		zwölf

'D'는 'Deutschland'의 약자입니다.

(2) 13에서 19까지는 기본 숫자에 **zehn**을 더한다

13	14	15	16	17	18	19
dreizehn	vierzehn	fünfzehn	**sech**zehn	**sieb**zehn	achtzehn	neunzehn

- 숫자의 순서는 한국어와 정반대로 배열된다.

  drei(3)-zehn(10) = 십(10)-삼(3)

- 16과 17에서는 앞 숫자의 일부가 생략된다.

  sechszehn → sechzehn, siebenzehn → siebzehn

(3) 십 단위 숫자는 기본 숫자에 '**-zig**'를 더한다

20	30	40	50	60	70	80	90
zwanzig	dreißig	vierzig	fünfzig	**sech**zig	**sieb**zig	achtzig	neunzig

- 20과 30은 일부분이 변형된다.

  zweizig → zwanzig, dreizig → dreißig

- 60과 70은 16과 17처럼 일부가 생략된다.

  sechszig → sechzig, siebenzig → siebzig

(4) 21과 22는 '끝수-**und**-십단위 숫자' 순으로 쓴다

21 = 1 und 20	einundzwanzig	27 = 7 und 20	siebenundzwanzig
22 = 2 und 20	zweiundzwanzig	28 = 8 und 20	achtundzwanzig
23 = 3 und 20	dreiundzwanzig	29 = 9 und 20	neunundzwanzig
24 = 4 und 20	vierundzwanzig	37 = 7 und 30	siebenunddreißig
25 = 5 und 20	fünfundzwanzig	46 = 6 und 40	sechsundvierzig
26 = 6 und 20	sechsundzwanzig	87 = 7 und 80	siebenundachtzig

- 21에서 숫자 1은 eins가 아니라 ein으로 쓴다.
- 20이상의 숫자에서 6과 7은 원래대로 sechs와 sieben으로 쓴다.

  sechzehn(16) - sechsundzwanzig(26)

siebzehn(17) - siebenundzwanzig(27)

(5) 백, 천, 만, 십만, 백만

100	(ein)hundert
1,000	(ein)tausend
10,000	zehntausend
100,000	hunderttausend
1,000,000	eine Million

- 독일어에는 한국어 숫자 '만(10,000)'에 해당하는 어휘가 없다.
- 10,000은 (10×1000)의 의미로 zehntausend로 표현한다.
- 100만은 독자적인 어휘인 Million으로 표현한다.

(6) 문장 속의 숫자

Wie spät ist es?

몇시입니까?

- Es ist 3 Uhr.

3시입니다.

Was kostet das Buch?

이 책은 얼마입니까?

- Es kostet 3,50 Euro.

그것은 3유로 50센트입니다.

💡 **Smart-Tipps** : 독일 화폐 단위 읽는 법

독일의 화폐 단위는 Euro와 Cent다. 3,50 Euro는 'drei Euro fünfzig'라고 하고, 0,50 Euro는 'fünfzig Cent'라고 한다. 1유로가 넘을 경우 Cent는 언급하지 않는다.

A. 다음 독일어를 숫자로 쓰시오.

1. eins   →
2. drei   →
3. sieben   →
4. neunzehn   →
5. zweiundzwanzig   →
6. achtzig   →
7. hundert   →
8. tausend   →
9. zehntausend   →

B. 다음 숫자를 독일어로 쓰시오.

2	
5	
11	
12	
14	
21	
24	
30	
40	
50	
80	
90	

C. 틀린 곳을 찾아 바르게 쓰시오.

1. sechszehn (16)   →   ....

2. siebenzehn (17)   →   ....

3. sechszig (60)   →   ....

4. siebenzig (70)   →   ....

5. zweizig (20)   →   ....

6. einsundachtzig (81)   →   ....

7. siebundneunzig (97)   →   ....

8. dreizig (30)   →   ....

9. sechundzwanzig (26)   →   ....

Wortschatz

der Cent 센트, der Euro 유로화, kosten ~의 값이 나가다, spät 늦은,
die Uhr 시/시계, was 무엇, wie 어떻게/얼마나

Lektion 02 동사의 현재인칭 변화(I)

(1) 동사의 부정형

동사의 현재인칭 변화는 동사의 부정형에서 출발한다. 동사의 부정형은
어간(lern)과 어미(-en)로 이루어진다.

[동사의 부정형] lernen = lern-en

*동사 어미가 -n으로 끝나는 동사가 몇 개 있다.(sammel-n 모으다,
 handel-n 행동하다)

(2) 인칭대명사(주어)

동사의 인칭 변화를 이끌어내는 인칭대명사(주어)는 다음과 같다.

인칭 \ 수		단수		복수	
1인칭		ich	내가	wir	우리가
2인칭	친칭	du	네가	ihr	너희들이
	존칭	Sie	당신이	Sie	당신이
3인칭		er sie es	그가 그녀가 그것이	sie	그들이 그녀들이 그것들이

인칭대명사는 인칭, 수, 성에 따라 다양한 형태로 나타난다.

• 인칭에는 1인칭, 2인칭, 3인칭이 있다.

• 수에는 단수와 복수가 있다.

• 단수 3인칭대명사는 성에 따라 er(남성), sie(여성), es(중성)으로 나누어 진다.

🔆 Smart-Tipps : 친칭과 존칭

• 2인칭에는 친칭과 존칭이 있다. du와 ihr는 친칭이며, Sie는 존칭이다.

• 친칭은 가까운 사이(친구, 아이, 가족, 친척 등)에서 사용한다.

• 존칭은 처음 보는 사람이나 존중을 해야하는 사람한테 사용한다.

• 존칭 Sie의 첫 글자는 문장에서 항상 대문자로 쓰며 단수와 복수의 형태가 같다.

(3) 동사의 현재인칭 변화

동사의 형태가 주어의 인칭에 따라 달라지는 것을 동사의 인칭 변화라고 한다. 동사의 어간에 붙는 인칭 어미는 다음과 같다.

인칭 \ 수		단수		복수	
1인칭		ich	-e	wir	-en
2인칭	친칭	du	-st	ihr	-t
	존칭	Sie	-en	Sie	-en
3인칭		er sie es	-t	sie	-en

동사가 주어에 따라 어떻게 변화하는지 lernen(배우다) 동사를 통해서 알아보자. lernen의 어간 lern에는 아래와 같이 인칭 어미를 붙인다.

인칭 \ 수		단수	복수
1인칭		ich lern-e	wir lern-en
2인칭	친칭	du lern-st	ihr lern-t
	존칭	Sie lern-en	Sie lern-en
3인칭		er lern-t sie lern-t es lern-t	sie lern-en

✏ Übung macht den Meister

A. 우리말로 옮기시오.

1. Ich komme. → ....

2. Du kommst. → ....

3. Er kommt. → ....

4. Wir kommen. → ....

5. Ihr kommt. → ....

B. 아래 동사를 어간과 어미로 나누어 쓰시오.

1. lernen (   ) - (   )

2. trinken (   ) - (   )

3. wohnen (   ) - (   )

C. 빈칸에 알맞은 인칭어미를 넣으시오.

1. Ich lern__ Deutsch.

2. Du trink__ Wasser.

3. Er wohn__ in Berlin.

4. Wir lern__ Englisch.

5. Ihr trink__ Bier.

6. Sie wohn__ in Frankfurt.(복수 3인칭)

📖 Wortschatz

das Bier 맥주, das Deutsch 독일어, das Englisch 영어, handeln 행동하다, in ~에, kommen 오다, lernen 배우다, sammeln 모으다, trinken 마시다, viel 많은, das Wasser 물, wohnen 거주하다

sein, haben 동사의 현재인칭 변화

Smart-Point

• sein과 haben 동사는 영어의 be와 have에 해당하는 동사이다.

• 독일어에서 가장 많이 사용되는 동사이다.

• 이 동사는 인칭에 따라 불규칙적으로 변화한다.

(1) sein 동사의 현재인칭 변화

인칭 \ 수		단수		복수	
1인칭		ich	bin	wir	sind
2인칭	친칭	du	bist	ihr	seid
	존칭	Sie	sind	Sie	sind
3인칭		er sie es	ist	sie	sind

sein동사는 영어의 be동사에 해당하며, 인칭에 따라 불규칙적으로 변화한다.

Ich bin froh.

나는 기쁘다.

Du bist froh.

너는 기쁘다.

Sie sind froh.

당신은 기쁘다.(존칭)

Er **ist** froh.

그는 기쁘다.

Wir **sind** froh.

우리는 기쁘다.

Ihr **seid** froh.

너희들은 기쁘다.

💡 Smart-Tipps : 존칭 2인칭대명사와 복수 3인칭대명사

- 독일어 문장의 첫 부분에 나오는 단어는 영어와 같이 항상 대문자로 시작한다.
- 이 때문에 존칭 2인칭대명사 Sie와 복수 3인칭대명사 sie가 문장 첫머리에 나오면 그
  차이를 구분하기가 어렵다. 따라서 맥락상으로 파악하는 수밖에 없다.

Sie sind froh. (2인칭 존칭) / Sie sind froh. (3인칭 복수)

☞ 단수 3인칭대명사 sie는 동사의 현재인칭 어미에서 구별된다.

Sie ist froh. (3인칭 단수)

(2) haben 동사의 현재인칭 변화

인칭 ＼ 수		단수		복수	
1인칭		ich	habe	wir	haben
2인칭	친칭	du	hast	ihr	habt
	존칭	Sie	haben	Sie	haben
3인칭		er sie es	hat	sie	haben

haben 동사는 단수 2인칭과 3인칭에서만 불규칙적으로 변한다. 어간 hab 에서 b가 탈락하여, du hast와 er hat가 된다.

Ich habe Geld.

나는 돈이 있다.

Du hast Geld.

너는 돈이 있다.

Sie haben Geld.

당신은 돈이 있다. (존칭)

Er hat Geld.

그는 돈이 있다.

Wir haben Geld.

우리는 돈이 있다.

Ihr habt Geld.

너희들은 돈이 있다.

Sie haben Geld.

그들은 돈이 있다.

A. 우리말로 옮기시오.

1. Du bist klein.   → ....
2. Wir sind müde.   → ....
3. Sie hat Geld.   → ....
4. Ich habe Hunger. → ....
5. Er hat Angst.   → ....

B. sein 동사의 현재인칭 변화형을 빈칸에 넣으시오.

1. Ich _____ Lehrer.
2. Du _____ Studentin.
3. Er _____ klein.
4. Wir _____ gesund.
5. Ihr _____ müde.
6. Sie _____ freundlich.

C. haben 동사의 현재인칭 변화형을 빈칸에 넣으시오.

1. Ich _____ Durst.
2. Du _____ Mut.
3. Er _____ Hunger.
4. Wir _____ Angst.
5. Ihr _____ Geld.
6. Sie _____ Angst.

📖 **Wortschatz**

die Angst 걱정, der Durst 갈증, freundlich 친절한, froh 기쁜, das Geld 돈, gesund 건강한, der Hunger 배고픔, klein (키가)작은, der Lehrer 선생님, der Mut 용기, müde 피곤한, der Student 대학생, die Studentin 여대생, die Zeit 시간

명사의 성

🔍 Smart-Point

- 명사는 성을 가진다.
- 명사의 성은 남성명사, 여성명사, 중성명사로 나뉜다.
- Vater(아버지)나 Mutter(어머니)와 같이 사람을 나타내는 명사는 보통 자연성을 따른다.
- 사물(Tisch 책상)이나 추상개념(Liebe 사랑)을 나타내는 명사도 반드시 하나의 성을 갖게 된다.
- 명사의 성은 명사 앞에 나오는 관사를 통해 표현된다.
  남성명사 → der, 여성명사 → die, 중성명사 → das
- 명사의 성에 따라 단수 3인칭대명사가 정해진다.
  남성명사 → er, 여성명사 → sie, 중성명사 → es

(1) 명사는 성을 가진다

남성	der Vater 아버지	der Tisch 책상
여성	die Mutter 어머니	die Liebe 사랑
중성	das Kind 아이	das Buch 책

자연성을 따르는 몇몇 명사 외에는 명사들이 어떠한 성을 갖게 될지 예상할 수가 없다.

- 남성명사: 월명(Januar 1월), 계절명(Frühling 봄), -er/-ent로 끝나는 명사(Lehrer 선생님, Schüler 학생, Student 대학생)
- 여성명사: -heit/-keit/-tion/-ung로 끝나는 명사(Krankheit 질병, Freiheit 자유, Nation 국가, Wohnung 집)
- 중성명사: -chen/-o로 끝나는 명사(Brötchen 빵, Hähnchen (작은) 닭, Auto 자동차, Kino 영화관)

(2) 명사의 성은 관사를 통해 표현된다

명사의 성은 관사를 통해 표현된다. 정관사 der는 남성명사를, 정관사 die는 여성명사를, 정관사 das는 중성명사를 나타낸다. 명사를 관사와 함께 외우면 명사의 성을 쉽게 기억할 수가 있다.(☞ 관사에 대한 자세한 사항은 5과 참조)

남성명사	der	Tisch
여성명사	die	Liebe
중성명사	das	Buch

(3) 단수 3인칭대명사는 영어와 다르게 사용된다

- 독일어 명사는 명사의 성에 따라 3개의 인칭대명사(er, sie, es)로 표현한다.
- 인칭대명사 er는 남성명사, sie는 여성명사, es는 중성명사를 대표한다.

남성명사	der Vater der Tisch	→	er
여성명사	die Mutter die Liebe	→	sie
중성명사	das Kind das Buch	→	es

(4) 명사의 첫 글자는 항상 대문자로 시작한다

독일어 명사의 첫 글자는 문장 안에서도 항상 대문자로 쓴다.

Das Kind lernt Deutsch.

그 아이는 독일어를 배운다.

💡 **Smart-Tipps** : 복합명사의 성과 강세

• 복합명사의 성은 뒤에 나오는 명사의 성을 따른다.

• 복합명사의 강세는 앞에 나오는 명사에 부여된다.

• das Land(땅) + die Karte(표) = die Lándkarte(지도)

✏️ Übung macht den Meister

A. 빈칸에 알맞은 관사를 넣으시오.

1. _____ Kind(중성)   2. _____ Wand(여성)

3. _____ Hund(남성)   4. _____ Löffel(남성)

5. _____ Gabel(여성)   6. _____ Messer(중성)

B. 아래 명사에 적합한 인칭대명사를 쓰시오.

1. der Vater →

2. die Mutter →

3. das Kind →

4. der Brief →

5. die Freiheit →

6. das Wasser →

7. der Tisch →

C. 아래 문장에서 틀린 곳을 찾아 고쳐 쓰시오.

1. Der lehrer kauft das buch.

→

2. Der schüler hat den löffel.

→

3. Der student trinkt wasser.

→

🔖 Wortschatz

das Auto 자동차, der Brief 편지, das Brötchen 빵, das Buch 책, die Freiheit 자유,
der Frühling 봄, die Gabel 포크, das Hähnchen (작은)닭, der Hund 개, der Januar 1월,
kaufen 사다, das Kind 어린이, das Kino 영화관, die Krankheit 질병, der Lehrer 선생님,
die Liebe 사랑, der Löffel 숟가락, das Messer 칼, die Nation 국가, der Schüler 학생,
der Student 대학생, der Tisch 책상, die Wand 벽, das Wasser 물, die Wohnung 집

명사의 격과 관사의 변화

🔍 Smart-Point

- 독일어 명사는 문장 안에서 주어나 목적어와 같은 역할을 할 때 격을 가진다.
- 독일어에는 4개의 격(1격, 2격, 3격, 4격)이 있다.
- 이때 격은 명사 앞에 놓이는 관사(정관사, 부정관사)를 통해 표현된다.
- 관사의 형태는 명사의 성 · 수 · 격에 따라 달라진다.

(1) 독일어에는 4개의 격이 있다

1격	이, 가, 은, 는
2격	의
3격	에게
4격	을, 를

(2) 격은 관사를 통해 표현된다

① 정관사의 격 변화

성 격	남성	여성	중성
1격	der Vater	die Mutter	das Kind
2격	des Vaters	der Mutter	des Kind**es**
3격	dem Vater	der Mutter	dem Kind
4격	den Vater	die Mutter	das Kind

- der, die, das는 영어의 the에 해당한다.
- 남성명사와 중성명사 2격에는 –s 또는 –es가 붙는다.

- 보통 1음절 명사에는 −es, 2음절 이상의 명사에는 −s가 붙는다.

des Hundes / des Kontos

② 부정관사의 격 변화

성 격	남성	여성	중성
1격	ein Vater	eine Mutter	ein Kind
2격	eines Vaters	einer Mutter	eines Kindes
3격	einem Vater	einer Mutter	einem Kind
4격	einen Vater	eine Mutter	ein Kind

- 부정관사는 ein으로 시작한다. ein은 영어의 부정관사 a, an에 해당한다.
- 남성 1격, 중성 1격과 4격에 어미가 없다. 나머지는 정관사 격 변화와 동일하다.

💡 Smart-Tipps : 정관사와 부정관사

- 처음 언급하는 것은 부정관사로, 앞에서 이미 언급된 것은 정관사로 표현한다.

  Ich habe **ein** Auto. **Das** Auto ist teuer.
  나는 자동차가 있다. 그 자동차는 비싸다.

- 특정한 사람 또는 물건을 지칭할 때는 정관사를 사용한다.

  Ich treffe **den** Lehrer.
  나는 그 선생님을 만난다.

  Ich kaufe **die** Tasche.
  나는 그 가방을 산다.

- 부정관사는 '하나'의 뜻을 갖는다.

  Ich lese **ein** Buch.
  나는 책 한 권을 읽는다.

(3) 문장에서의 격 용법

격은 문장 내에서의 명사의 역할을 나타낸다. 4개의 격은 각각 한국어의 격조사 '이/가/은/는, 의, 에게, 을/를'로 표현될 수 있다.

> (1격) **Der Mann** tanzt gut.
>
>> 그 남자는 춤을 잘 춘다.
>
> (2격) das Auto **des Freundes**
>
>> 친구의 자동차
>
> (3격) Er winkt **einem Kind**.
>
>> 그가 한 아이에게 신호를 보낸다.
>
> (4격) Sie kauft **ein Buch**.
>
>> 그녀가 책 한 권을 산다.

한국어와는 달리, 2격 명사는 수식하는 명사의 뒤에 위치한다.

💡 **Smart-Tipps : 독일어 명사의 특성**
- 명사에는 성(남성, 여성, 중성)이 있다.
- 명사에는 수(단수, 복수)가 있다.
- 명사에는 격(1격, 2격, 3격, 4격)이 있다.

A. 우리말로 옮기시오.

1. Der Mann kauft eine Zeitung.

→

2. Die Frau liebt einen Mann.

→

3. Der Lehrer lobt den Schüler.

→

4. Die Frau sucht eine Tasche.

→

5. Ich esse einen Apfel.

→

6. Wir schenken dem Kind ein Buch.

→

7. Sie winkt einer Freundin.

→

B. 빈칸에 적합한 정관사/부정관사 명사를 채우시오.

격＼성	남성	여성	중성
1격	der Mann	die Frau	das Kind
2격			
3격			
4격			

격＼성	남성	여성	중성
1격	ein Mann	eine Frau	ein Kind
2격			
3격			
4격			

C. 비칸에 알맞은 부정관사와 정관사를 넣으시오.

1. Er kauft _____ Zeitung.(여성 4격)

_____ Zeitung kostet 1.50 Euro.(여성 1격)

2. Sie liebt _____ Mann.(남성 4격)

_____ Mann kommt aus Korea.(남성 1격)

3. Ich suche _____ Kind.(중성 4격)

_____ Kind ist klein.(중성 1격)

Wortschatz

der Apfel 사과, das Auto 자동차, essen 먹다, der Freund 친구,

die Freundin 여자친구, gut 좋은, der Hund 개, kaufen 사다, kosten 값이 나가다,

kommen 오다, das Kind 어린이, das Konto 계좌, lieben 사랑하다, loben 칭찬하다,

der Mann 남자, die Mutter 어머니, der Schüler 학생, schenken 선물하다,

suchen 찾다, tanzen 춤추다, die Tasche 가방, treffen 만나다, der Vater 아버지,

winken 신호를 보내다, die Zeitung 신문

Lektion 06

어순과 의문사

🔍 Smart-Point

- 독일어 어순은 동사의 위치를 기준으로 파악한다.
- 평서문에서는 동사가 두 번째에 온다. Er kommt morgen.
- 의문사가 없는 의문문에서는 동사가 첫 번째에 온다. Kommt er morgen?
- 의문사가 있는 의문문에서는 동사가 두 번째에 온다. Wann kommt er?

(1) 평서문

① 동사가 두 번째에 온다

Peter **kauft** jetzt eine Tasche. 페터가 지금 가방을 산다.

주어 + 동사 + 부사어 + 목적어

동사는 주어의 인칭에 따라 어미 변화를 하게 된다.

② 문장 첫머리에 주어 외에 다른 문장 성분도 올 수 있다

Jetzt kauft Peter eine Tasche. 지금 페터가 가방을 산다.

부사어 + 동사 + 주어 + 목적어

Eine Tasche kauft Peter jetzt. 가방을 페터가 지금 산다.

목적어 + 동사 + 주어 + 부사어

- jetzt와 eine Tasche가 문장 첫머리에 나와 있다. 이 때 주어는 동사 뒤에 놓인다.
- 두 번째 문장에서 eine Tasche가 두 단어로 구성되어 있기 때문에 동사는 세 번째 위치에 놓인 것처럼 보인다.
- eine Tasche가 하나의 문장 성분인 목적어로 쓰이고 있기 때문에 동사가 두 번째 나오는 것으로 이해한다. 한국어와는 달리, 2격 명사는 수식하는 명사의 뒤에 위치한다.

(2) 의문문
의문문에는 '의문사가 있는 의문문'과 '의문사가 없는 의문문'이 있다.

① 의문사가 없는 의문문
동사가 문장 첫머리에 온다.

Kauft Peter eine Tasche?
페터가 가방을 삽니까?

- Ja, er kauft eine Tasche.
예, 그는 가방을 삽니다.

- Nein, er kauft keine Tasche.
아니오, 그는 가방을 사지 않습니다.

- Nein, er kauft ein Buch.
아니오, 그는 책을 삽니다.

Ist er reich?
그가 부자입니까?

- Ja, er ist reich.

예, 그는 부자입니다.

- Nein, er ist nicht reich.

아니오, 그는 부자가 아닙니다.

- Nein, er ist arm.

아니오, 그는 가난합니다.

질문에 대한 내용을 단순히 부정할 경우에는 부정하는 단어 앞에 'keine 또는 nicht'를 추가하면 된다. (☞ 이에 대한 자세한 내용은 7과 참고)

② 의문사가 있는 의문문

동사가 두 번째에 오고, 의문사는 문장 첫머리에 위치한다.

Wer kauft eine Tasche?

누가 가방을 삽니까?

- Peter kauft eine Tasche.

페터가 가방을 삽니다.

Was kauft Peter?

페터가 무엇을 삽니까?

- Eine Tasche kauft er.

가방을 그가 삽니다.

(3) 의문사의 종류

① 의문대명사

wer는 사람에 대해, was는 사물에 대해 질문을 할 때 사용한다.

격	사람		사물	
1격	wer	누가	was	무엇이
2격	werssen	누구의		
3격	wem	누구에게		
4격	wen	누구를	was	무엇을

Wer kommt heute?

누가 오늘 옵니까?

Wessen Auto ist das?

이것은 누구의 자동차입니까?

Wem winkt sie?

그녀는 누구에게 손을 흔듭니까?

Wen liebt er?

그는 누구를 사랑합니까?

Was ist das?

이것은 무엇입니까?

Was haben Sie?

당신은 무엇을 가지고 있습니까?

② 의문부사

wo	어디서	wie	어떻게
wohin	어디로	warum	왜
woher	어디에서	wann	언제

Wo wohnen Sie?

어디 삽니까?

Wohin gehen Sie?

어디로 갑니까?

Woher kommen Sie?

어디서 옵니까?

Wie ist das Wetter?

날씨가 어떻습니까?

Warum weinen Sie?

왜 웁니까?

Wann beginnt das Konzert?

언제 연주회가 시작합니까?

✏ Übung macht den Meister

A. 우리말로 옮기시오.

1. Er trinkt Bier. → ....

2. Trinkt er Bier? → ....

3. Wer trinkt Bier? → ....

4. Was trinkt er? → ....

5. Wo trinkt er Bier? → ....

6. Wann trinkt er Bier? → ....

B. 아래 한국어 뜻에 맞는 의문사를 빈칸에 넣으시오.

was, wohin, wo, wen, woher, warum, wie, wem

1. _____ liebst du? 너는 누구를 사랑하니?

2. _____ kaufen Sie? 당신은 무엇을 삽니까?

3. _____ helfen Sie? 당신은 누구에게 도움을 줍니까?

4. _____ geht er? 그는 어디로 갑니까?

5. _____ weinst du? 너는 왜 우니?

6. _____ wohnst du? 너는 어디에 사니?

7. _____ ist dein Name? 네 이름이 어떻게 되니?

8. _____ kommst du? 너는 어디서 오니?

C. 아래 단어를 이용하여 독일어 문장을 만드시오.

eine Zeitung, er, liest, jetzt, was, wer

1. 그는 지금 신문을 읽고 있다.

→

2. 지금 그가 신문을 읽고 있다.(jetzt가 문두에 오는 문장)

→

3. 신문을 그가 지금 읽고 있다.(eine Zeitung이 문두에 오는 문장)

→

4. 그가 신문을 읽고 있나요?

→

5. 누가 신문을 읽고 있나요?

→

6. 그가 무엇을 읽고 있나요?

→

📖 Wortschatz

arm 가난한, beginnen 시작하다, das Bier 맥주, helfen 돕다, heute 오늘,
jetzt 지금, kaufen 사다, das Konzert 연주회, kommen 오다,
liest(lesen동사의 단수 3인칭 변화형) 읽다, morgen 내일, reich 부유한,
die Tasche 가방, weinen 울다, das Wetter 날씨, winken 신호를 보내다,
wohnen 거주하다, die Zeitung 신문

Lektion 07 긍정·부정 대답과 부정어

(1) 질문에 대답하는 방법: ja, nein, doch

① 의문문에 부정사(nicht, 영어의 not)가 포함되지 않은 경우

간단하게 예(ja) 또는 아니오(nein)로 대답한다. nein으로 대답할 때는 부정하는 단어 앞에 nicht를 쓴다.

Sind Sie müde?

당신은 피곤하십니까?

- Ja, ich bin müde.

예, 저는 피곤합니다.

- Nein, ich bin nicht müde.

아니오, 저는 피곤하지 않습니다.

② 의문문에 부정사가 포함되어 있는 경우

대답이 부정이면 nein을, 긍정이면 doch를 쓴다. nein으로 대답할 때는 부

정하는 단어 앞에 nicht를 쓴다.

Sind Sie nicht müde?

당신은 피곤하지 않습니까?

- Nein, ich bin nicht müde.

예, 저는 피곤하지 않습니다.

- Doch, ich bin müde.

아니오, 저는 피곤합니다.

(2) 부정어 nicht의 위치

① 부정어 nicht는 부정하는 단어 바로 앞에 위치하는 것이 기본 원칙이다

Das Auto fährt schnell.

자동차가 빨리 달린다.

Das Auto fährt **nicht** schnell.

자동차가 빨리 달리지 않는다.

Ich besuche meine Großmutter.

나는 할머니를 방문한다.

Ich besuche **nicht** meine Großmutter.

나는 할머니를 방문하지 않는다.

- 첫 번째 예문은 nicht가 schnell 앞에 위치함으로써 '빨리' 달리지 않는
  다는 뜻을 갖는다.
- 두 번째 예문은 '나의 할머니'를 방문하지 않는다는 의미로 이해할 수 있다.

② 문장 전체를 부정할 때는 nicht가 문장 끝에 온다

Er kommt morgen.

그는 내일 올 것이다.

Er kommt morgen **nicht**.

그는 내일 오지 않을 것이다.

• nicht가 문장 끝에 위치하면서 문장 전체를 부정하고 있다.

(3) 명사 부정에는 kein

명사 부정에는 kein을 쓴다. 명사를 부정할 경우에는 명사 앞에 kein을 명사의 성·수·격에 맞추어 쓴다. kein은 단수 명사 앞에서는 부정관사 어미변화를, 복수 명사 앞에서는 정관사 어미 변화를 한다.(☞정관사 복수형은 12과 명사의 복수형 참고)

Ich habe Zeit.　　vs.　　Ich habe **keine** Zeit.

나는 시간이 있다.　　　　나는 시간이 없다.

Das Kind kauft eine Puppe.　　vs.　　Das Kind kauft **keine** Puppe.

아이는 인형을 산다.　　　　　　　아이는 인형을 사지 않는다.

Zeit와 Puppe가 여성명사이므로 kein 뒤에 여성 단수 4격에 해당하는 부정관사 어미 -e를 붙인다.

💡 Smart-Tipps : kein의 변화형

격	단수			복수
격　　성	남성	여성	중성	남성 · 여성 · 중성
1격	kein Vater	keine Mutter	kein Kind	keine Taschen
2격	keines Vaters	keiner Mutter	keines Kindes	keiner Taschen
3격	keinem Vater	keiner Mutter	keinem Kind	keinen Taschen
4격	keinen Vater	keine Mutter	kein Kind	keine Taschen

☞ 단수는 부정관사 어미 변화를, 복수는 정관사 어미 변화를 한다.

지시적인 의미를 강조할 때에는 kein 대신에 nicht로 명사를 부정한다.

Ich kaufe **nicht** den Computer.
나는 그 컴퓨터를 사고 싶지 않다.

위의 예문에서는 den Computer 바로 앞에 kein이 아니라 nicht가 나옴으로써 여러 다른 컴퓨터 중에서 '바로 그' 컴퓨터를 사고 싶지 않다는 것을 표현하고 있다.

A. 빈칸에 적절한 대답(ja, nein, doch)을 골라 넣고 우리말로 옮기시오.

1. Ist das Obst teuer?

   - _____, es ist teuer.

   (해석:)

   - _____, es ist nicht teuer.

   (해석:)

2. Ist das Obst nicht teuer?

   - _____, es ist nicht teuer.

   (해석:)

   - _____, es ist sehr teuer.

   (해석:)

B. 빈칸에 알맞은 부정어(nicht, keinen, keine, kein)를 넣으시오.

1. Wir haben _____ Geld.

2. Er ist _____ klein.

3. Er liest _____ Zeitung.

4. Die Kinder spielen _____ Fußball.

5. Der Apfel ist _____ süß.

6. Ich sehe _____ den Film.

7. Er hilft mir _____.

8. Wir kaufen _____ das Auto.

besuchen 방문하다, der Computer 컴퓨터, fahren (운송수단 등을 타고)가다,

der Film 영화, der Fußball 축구, das Geld 돈, die Großmutter 할머니,

kaufen 사다, das Kind 어린 아이, klein 작은, die Mutter 어머니,

müde 피곤한, das Obst 과일, die Puppe 인형, schnell 빠른, spielen 놀다,

süß 달콤한, die Tasche 가방, teuer 비싼, der Vater 아버지, die Zeit 시간,

die Zeitung 신문

Lektion 08 동사의 현재인칭 변화(Ⅱ)

Smart-Point

[규칙 변화]
- 어간이 -d나 -t로 끝나는 동사의 du, er, ihr에서는 어간과 어미 사이에 -e-를 삽입한다.
- 어간이 -s, -ß, -z 등으로 끝나는 동사의 단수 2인칭 du에서는 동사 어미가 -st가 아니라 -t가 된다.

[불규칙 변화]
- 불규칙적으로 인칭 변화를 하는 동사의 단수 2인칭(du)과 단수 3인칭(er/sie/es)에서는 어간 모음이나 자음이 변한다.

(1) 규칙 변화

① 어간이 -d나 -t로 끝나는 동사는 발음을 쉽게 하기 위해서 du, er, ihr에서 어간과 어미 사이에 -e-를 삽입한다

	finden 찾다	**arbeiten** 일하다	**warten** 기다리다
ich	finde	arbeite	warte
du	**findest**	**arbeitest**	**wartest**
er/sie/es	**findet**	**arbeitet**	**wartet**
wir	finden	arbeiten	warten
ihr	**findet**	**arbeitet**	**wartet**
sie	finden	arbeiten	warten

② 어간이 -s, -ß, -z 등으로 끝나는 동사의 단수 2인칭 du에서는 동사 어미가 -st가 아니라 -t가 된다. 단수 2인칭 동사 어미는 단수 3인칭의 동사인칭 변화와 동일하다

	risen 여행하다	heißen 칭하다	tanzen 춤추다
ich	reise	heiße	tanze
du	**reist**	**heißt**	**tanzt**
er/sie/es	reist	heißt	tanzt
wir	reisen	heißen	tanzen
ihr	reist	heißt	tanzt
sie	reisen	heißen	tanzen

(2) 불규칙 변화

du와 er에서는 어간 모음이 변한다.

① 어간 모음 a가 ä로 변하는 동사

	fahren 타고 가다	fallen 넘어지다	schlafen 잠자다
ich	fahre	falle	schlafe
du	**fährst**	**fällst**	**schläfst**
er/sie/es	**fährt**	**fällt**	**schläft**
wir	fahren	fallen	schlafen
ihr	fahrt	fallt	schlaft
sie	fahren	fallen	schlafen

② 어간 모음 e가 i로 변하는 동사

	sprechen 말하다	geben 주다	helfen 돕다
ich	spreche	gebe	helfe
du	**sprichst**	**gibst**	**hilfst**
er/sie/es	**spricht**	**gibt**	**hilft**
wir	sprechen	geben	helfen
ihr	sprecht	gebt	helft
sie	sprechen	geben	helfen

③ 어간 모음 e가 ie로 변하는 동사

	lesen 읽다	**sehen** 보다
ich	lese	sehe
du	**liest**	**siehst**
er/sie/es	**liest**	**sieht**
wir	lesen	sehen
ihr	lest	seht
sie	lesen	sehen

lesen동사는 어간이 -s로 끝나기 때문에 단수 2인칭 du에서 동사 어미가 -st가 아니라 -t가 된다.

④ 어간 모음뿐만 아니라 자음도 변하는 동사가 있다

	nehmen 받다	**wissen** 알다
ich	nehme	weiß
du	**nimmst**	**weißt**
er/sie/es	**nimmt**	**weiß**
wir	nehmen	wissen
ihr	nehmt	**wißt**
sie	nehmen	wissen

💡 Smart-Tipps : 현재형이 진행형을 대신한다

• 독일어에는 진행형이 없으며, 현재형이 진행형을 대신한다.
Er liest eine Zeitung. 그는 신문을 읽고 있다.

✎ Übung macht den Meister

A. 괄호 안의 동사를 빈칸에 알맞은 형태로 채우시오.

1. Er _____ fleißig. (arbeiten)

2. Du _____ gern. (tanzen)

3. Du _____ in die Schweiz. (reisen)

4. Er _____ Stefan. (heißen)

B. 괄호 안의 단어를 주어로 사용하여 문장을 바꾸어 쓰시오.

1. Ich fahre nach Berlin. (er)

   _____

2. Wir schlafen viel. (du)

   _____

3. Ich gebe dir eine Blume. (er)

   _____

4. Die Frau hilft mir. (du)

   _____

5. Wir lesen eine Zeitung. (er)

   _____

6. Ich sehe sehr gern fern. (du)

   _____

7. Ich nehme ein Taxi. (er)

   _____

📖 Wortschatz

arbeiten 일하다, die Blume 꽃, fallen 넘어지다, finden 찾다, fleißig 부지런한,
geben 주다, heißen 칭하다, helfen 돕다, lesen 읽다, nehmen 받다, reisen 여행하다,
schlafen 잠자다, die Schweiz 스위스, sehen 보다, sprechen 말하다, das Taxi 택시,
tanzen 춤추다, viel 많은, warten 기다리다, wissen 알다, die Zeitung 신문

Lektion 09

명령형

🔍 Smart-Point

- 명령형에는 인칭에 따라 3가지 종류인 du, ihr, Sie(존칭)가 있다.
- 각각의 명령형은 동사의 형태로 구분된다.
- 친한 사이에는 du와 ihr의 명령형을 사용하고, 친하지 않거나 존칭을 써야할 대상에게는 Sie의 명령형을 사용한다.
- du와 ihr에 대한 명령형에서는 주어를 생략하고, Sie에 대한 명령형에서는 주어를 쓴다.
- 영어의 please에 해당하는 단어인 bitte를 자주 사용한다.

(1) du에 대한 명령형

① 기본 규칙

동사 어간에 -e를 붙인다

lernen → Lern-e Deutsch!

독일어를 배워라!

warten → Wart-e einen Moment!

잠깐만 기다려라!

② 예외(1)

어간에 -e가 안 붙는 경우, 불규칙동사(☞ 19과 동사의 3기본형 참고)는 보통 e를 붙이지 않고 어간만으로 명령형을 만든다.

kommen → Komm schnell!

빨리 와라!

gehen → Geh nach Hause!

집에 가라!

fahren → Fahr nicht so schnell!

그렇게 빨리 달리지 마라!

③ 예외(2)

불규칙동사 중에서 단수 2인칭과 3인칭에서 어간 모음이 변하는 동사 (e→i, e→ie)는 명령형에서도 어간 모음을 바꾸어서 사용하고 어미 -e를 붙이지 않는다.

essen → **Iss** das!

그것을 먹어라! (*du isst*)

sprechen → **Sprich** leise!

조용히 말해라! (*du sprichst*)

sehen → **Sieh** mal das!

이것 좀 봐! (*du siehst*)

Smart-Tipps : 불규칙동사의 명령형

• 불규칙동사의 명령형은 부록 '불규칙동사 변화표의 명령형'을 참고하세요!

(2) ihr에 대한 명령형

① 기본 규칙

동사 어간에 -(e)t를 붙인다.

lernen → **Lern-t** Deutsch!

독일어를 배워라!

nehmen → **Nehm-t** das Taxi!

택시를 타라!

warten → **Wart-et** einen Moment!

잠깐만 기다려라!

warten동사에서는 어간이 -t로 끝나기 때문에 발음을 쉽게 하기 위해 어간 뒤에 -e를 넣는다.

(3) Sie(존칭)에 대한 명령형

① 기본 규칙

동사 어간에 -en Sie를 붙인다.

lernen → **Lern-en Sie** bitte Deutsch!

독일어를 배우십시오.

warten → **Wart-en Sie** bitte einen Moment!

잠깐만 기다리십시오.

helfen → **Helf-en** Sie mir bitte!

저를 도와주십시오.

존칭 Sie 명령형 문장에서는 bitte가 반드시 필요하다.

(4) sein 동사의 명령형

sein 동사의 ihr에 대한 명령형은 불규칙적으로 변한다.

sein → **Sei** ruhig!

조용히 해라! (*du*)

sein → **Sei-d** ruhig!

조용히 해라! (*ihr*)

sein → **Sei-en** Sie bitte ruhig!

조용히 해주십시오. (*Sie*)

* 명령형 규칙

	동사부정형	du에 대한 명령형	ihr에 대한 명령형	Sie에 대한 명령형
	어간-e	어간-(e)	어간-t	어간-en Sie
대부분의 동사	lernen	Lern(e)	Lernt	lernen
어간이 변하는 동사(e→i, →ie)	lesen	Lies	Lest	lernen
불규칙적으로 변하는 동사	sein	Sei	Seid	Seien Sie

✏ Übung macht den Meister

A. 우리말로 옮기시오.

1. Iss nicht so schnell! →
   ....

   Esst nicht so schnell! →
   ....

   Essen Sie bitte nicht so schnell! →
   ....

2. Sei bitte nicht so traurig! →
   ....

   Seid bitte nicht so traurig! →
   ....

   Seien Sie bitte nicht so traurig! →
   ....

B. 다음 Sie에 대한 명령문을 du와 ihr에 대한 명령형으로 바꾸시오.

1. Geben Sie mir bitte das Salz!

   (du) _____ mir bitte das Salz!

   (ihr) _____ mir bitte das Salz!

2. Helfen Sie uns bitte!

   (du) _____ uns bitte!

   (ihr) _____ uns bitte!

3. Sprechen Sie bitte langsam!

   (du) _____ bitte langsam!

   (ihr) _____ bitte langsam!

C. 다음 du와 ihr에 대한 명령문을 Sie에 대한 명령형으로 바꾸시오.

1. Geh nach Hause!

(Sie) _____ bitte nach Hause!

2. Fahr langsam!

(Sie) _____ bitte langsam!

3. Komm schnell!

(Sie) _____ bitte schnell!

4. Seid nicht so laut!

(Sie) _____ bitte nicht so laut!

5. Nehmt bitte Platz!

(Sie) _____ bitte Platz!

Wortschatz

bitten 부탁하다, das Deutsch 독일어, essen 먹다, hier 여기,
langsamer(langsam의 비교급) 더 천천히, laut 시끄러운, leise 조용히,
lernen 배우다, der Moment 순간, nach Hause 집으로, nehmen 받다,
der Platz 자리, ruhig 평온한, das Salz 소금, sprechen 말하다, sehen 보다,
traurig 슬픈, warten 기다리다

Lektion 10 인칭대명사, 소유대명사, 부정대명사

Smart-Point

[인칭대명사]

• 명사를 대신하는 품사이기 때문에 독일어 명사의 특성(성 · 수 · 격)을 동일하게 갖는다.

• 1인칭과 2인칭 대명사는 단수와 복수, 격에 따라 다르게 표현된다.

• 3인칭대명사는 명사를 대신하는 대명사로서 성 · 수 · 격에 따라 다르게 표현된다.

[소유대명사]

• 소유대명사는 명사 앞에서 명사를 수식하면서 사람이나 사물의 소유를 나타낸다.

• 단수 명사 앞은 부정관사 어미 변화, 복수 명사 앞에서는 정관사 어미 변화를 한다.

[부정대명사]

• 부정대명사 man은 3인칭 단수 주어로 쓰이며 불특정한 사람을 가리킨다.

• 부정대명사 etwas와 nichts는 불특정한 사물을 나타낸다.

(1) 인칭대명사의 종류와 성·수·격

어간이 -d나 -t로 끝나는 동사에서는 발음을 쉽게 하기 위해서 du, er, ihr에서 어간과 어미 사이에 -e-를 삽입한다.

수	격	1인칭	2인칭		3인칭		
			친칭	존칭	남성	여성	중성
단수	1격(이/가)	ich	du	Sie	er	sie	es
	3격(에게)	mir	dir	Ihnen	ihm	ihr	ihm
	4격(을/를)	mich	dich	Sie	ihn	sie	es
복수	1격(이/가)	wir	ihr	Sie	sie		
	3격(에게)	uns	euch	Ihnen	ihnen		
	4격(을/를)	uns	euch	Sie	sie		

- 인칭대명사도 명사처럼 단수와 복수로 나뉜다.
- 성(남성, 여성, 중성)의 구분은 단수 3인칭에서만 확인할 수 있다. 복수 3인칭에서는 성을 구분하지 않고 sie로 통합하여 사용한다.
- 인칭대명사에도 4개의 격이 있지만, 2격은 현재 거의 사용하지 않아 여기에서는 생략한다.
- 3인칭대명사는 선행하는 명사를 대신하여 사용되며, 인칭대명사의 성과 수는 선행하는 명사를 따르고, 격은 인칭대명사가 쓰이는 문장에서 결정된다.

Dort kommt **der Zug. Er** fährt nach Berlin. (der Zug → er 남성 단수 1격)
저기 기차가 온다. 그것은 베를린으로 간다.

Die Tasche ist schön. **Sie** ist teuer. (die Tasche → sie 여성 단수 1격)
가방이 예쁘다. 그것은 비싸다.

Hier hängt **ein Bild. Es** ist bunt. (das Bild → es 중성 단수 1격)
여기 그림이 하나가 걸려 있다. 그것은 화려하다.

- 첫 번째 예문에서 인칭대명사 er는 선행하는 명사 der Zug를 대신하여 쓰였다. 이 명사의 성과 수가 각각 남성과 단수이고, er가 그 문장 내에서 주어로 쓰였기 때문에 남성, 단수, 1격의 형태를 갖춘 인칭대명사 er가 사용되었다.
- 두 번째 예문에서는 선행하는 명사 die Tasche가 여성 단수이고 인칭대명사 sie가 그 문장에서 주어 역할을 하기 때문에 여성 단수 1격의 형태인 sie가 사용되었다.
- 세 번째 예문에서 인칭대명사 es는 선행하는 명사와의 관계 속에서 중성 단수 1격으로 사용되었다.

• 3인칭대명사는 정관사와 유사한 형태를 가지고 있다.

• 인칭대명사를 정관사 어미에 연결해 공부하면 쉽게 암기할 수 있다.

격＼성	남성	여성	중성
단수	er – der ihm – dem ihn – den	sie – die ihr – der sie – die	es – das ihm – dem es – das
복수		sie – die ihnen – den sie – die	

(2) 소유대명사의 종류와 격 변화

① 소유대명사의 종류

ich	mein	**mein** Freund 나의 친구	wir	unser	**unsere** Tochter 우리의 딸
du	dein	**deine** Blume 너의 꽃	ihr	euer	**euer** Kind 너희들의 아이
Sie	Ihr	**Ihr** Haus 당신의 집	Sie	Ihr	**Ihr** Haus 당신들의 집
er	sein	**seine** Freundin 그의 여자친구	sie	ihr	**ihre** Heimat 그들의 고향
sie	ihr	**ihre** Mutter 그녀의 어머니			
es	sein	**seine** Puppen 그(아이)의 인형들			

• 소유대명사는 주로 명사 앞에서 명사를 수식하면서 사람이나 사물의 소유를 나타낸다.

② 소유대명사의 격 변화

수	단수			복수
성 격	남성	여성	중성	남성 · 여성 · 중성
1	mein Vater	meine Mutter	mein Kind	meine Taschen
2	meines Vaters	meiner Mutter	meines Kindes	meiner Taschen
3	meinem Vater	meiner Mutter	meinem Kind	meinen Taschen
4	meinen Vater	meine Mutter	mein Kind	meine Taschen

- 단수 명사 앞에서는 부정관사 어미 변화를, 복수 명사 앞에서는 정관사 어미 변화를 한다.

(3) 부정대명사

① 부정대명사 man

- 독일어 단어 man은 독일어 문장에서 자주 사용된다.
- man은 3인칭 단수 주어로 쓰이며, 불특정한 사람을 가리키는 부정대명 사다.
- 한국어로 번역하지 않고 사용하는 것이 자연스럽다.

In Österreich spricht man Deutsch.

오스트리아에서는 독일어가 사용된다.

Wie kann man das benutzen?

그것을 어떻게 사용하나요?

② 부정대명사 etwas, nichts

- etwas는 영어의 something이나 anything, nichts는 영어의 nothing에

해당한다.

- 불특정한 사물을 표현할 때 사용한다.
- 둘 다 격 변화를 하지 않는다.

Morgen macht er etwas.

그는 내일 어떤 일을 할 것이다.

Heute macht er nichts.

그는 오늘 아무 것도 하지 않는다.

A. 밑줄친 부분을 인칭대명사로 바꾸어 쓰시오.

Ich sehe den Film. → Ich sehe ihn.

1. Ich kenne den Mann.

   →

2. Wir lesen eine Zeitung.

   →

3. Er liebt eine Frau.

   →

4. Wir helfen dem Kind.

   →

5. Er kauft einen Wagen.

   →

B. 아래 한국어의 뜻에 맞는 소유대명사를 빈칸에 쓰시오.

1. Ich habe eine Schwester. Das ist _____ Schwester.
   나는 여동생 한 명이 있다. 이 사람은 내 여동생이다.

2. Er hat einen Bruder. Das ist _____ Bruder.
   그는 남동생 한 명이 있다. 이 사람은 그의 남동생이다.

3. Du hast ein Buch. Das ist _____ Buch.
   너는 책 한 권을 가지고 있다. 그것은 너의 책이다.

4. Sie hat ein Auto. Das ist _____ Auto.
   그녀는 자동차 한 대를 가지고 있다. 그것은 그녀의 자동차이다.

5. Wir haben ein Haus. Das ist _____ Haus.
   우리는 집을 한 채 가지고 있다. 그것은 우리의 집이다.

das Auto 자동차, benutzen 사용하다, das Bild 그림, die Blume 꽃,

der Bruder 남동생/형/오빠, bunt 화려한, das Deutsch 독일의/독일인의/독일어의,

etwas 어떤 것/약간/조금, fahren (운송수단 등을 타고) 가다, der Film 영화,

die Freundin 여자친구, der Freund 친구, das Haus 집, hängen 걸려 있다,

helfen 돕다, die Heimat 고향, kaufen 사다, kommen 오다, lieben 사랑하다,

die Mutter 어머니, nach ~로(방향), das Österreich 오스트리아, die Puppe 인형,

schön 예쁜, die Schwester 여동생/누나/언니, sehen 보다, die Tasche 가방,

der Vater 아버지, der Wagen 자동차, die Zeitung 신문, der Zug 기차

Lektion 11 — 비인칭주어 es

Smart-Point

- 독일어 문장에는 반드시 주어가 있어야 한다.
- 날씨와 같이 주체가 누구인지 불확실한 경우에는 es를 주어로 사용한다.
- 시간을 표현할 때에는 es를 주어로 사용한다.

(1) 자연현상 표현

자연현상을 표현할 때에는 비인칭주어 es를 사용한다. 예컨대 '비가 온다'
라고 표현할 때 'regnen'이라는 동사만으로도 그 뜻을 전달할 수는 있다. 그
러나 문장이 문법적으로 완성되려면 최소한 주어와 동사가 있어야 한다. 이
때 비인칭주어 es를 사용한다.

> Es regnet.
> 비가 온다.

> Es schneit.
> 눈이 온다.

> Es blitzt.
> 번개가 친다.

> Es donnert.
> 천둥이 친다.

'덥다'라는 표현을 할 때에도 형용사 'heiß'만으로 그 뜻을 충분히 전달할

수 있지만, 단독으로 쓰일 수 없기 때문에 비인칭주어 es와 sein동사를 사용한다.

Es ist heiß.

날이 덥다.

Es ist kalt.

날이 춥다.

(2) 시간 표현

시간을 표현할 때에도 비인칭주어 es를 사용한다. 시간을 물어보는 표현에는 두 가지가 있다.

Wie spät ist es?

몇 시입니까?

- Es ist drei Uhr.

3시입니다.

Wie viel Uhr ist es?

몇 시입니까?

- Es ist ein Uhr.

1시입니다.

'ein Uhr'는 '1시'라는 뜻이고, 'eine Uhr'는 '시계 한 개'라는 뜻이다.

Morgen	Vormittag	Mittag	Nachmittag	Abend	Nacht
아침	오전	점심	오후	저녁	밤

• 때를 표현할 경우에는 전치사 융합형 'am'과 함께 사용된다.

am Morgen 아침에, am Vormittag 오전에, am Mittag 점심에,

am Nachmittag 오후에, am Abend 저녁에 (예외: in der Nacht 밤에)

vorgestern	gestern	heute	morgen	übermorgen
그저께	어제	오늘	내일	모레

(3) es가 사용되는 관용적 표현

① es gibt + 4격 명사구 (~이 있다)

Es gibt hier viele Studenten.

여기에 학생들이 많이 있다.

② 안부를 묻는 인사말

Wie geht es Ihnen?

어떻게 지내십니까?

- Danke, es geht mir gut

고맙습니다. 잘 지내고 있습니다.

Wie geht es dir?

어떻게 지내니?

- Danke, es geht mir sehr gut.

고마워. 아주 잘 지내고 있어.

🖋 Übung macht den Meister

A. 괄호 안의 단어를 이용하여 문장(현재형)을 만드시오.

1. (regnen) → ....
2. (schneien) → ....
3. (blitzen) → ....
4. (donnern) → ....
5. (warm) → ....
6. (kühl) → ....

B. Wie spät ist es? 물음에 답하시오.

1. (2시) → Es ist ....
2. (5시) → Es ist ....
3. (8시) → Es ist ....
4. (10시) → Es ist ....
5. (12시) → Es ist ....

C. 아래 문장을 독일어로 옮기시오.

1. 여기에 학생들이 많이 있다.

   →

2. 어떻게 지내십니까?

   →

3. 고맙습니다. 잘 지내고 있습니다.

   →

📖 Wortschatz

blitzen 번개가 치다, danke 고맙다, donnern 천둥이 치다, es gibt ~이 있다,
gut 좋은, heiß 더운, kalt 추운, regnen 비가 오다, schneien 눈이 오다,
sehr 매우/아주, der Student 대학생, spät 늦은, die Uhr 시/시간, viel 많은

명사의 복수형

Smart-Point

• 명사의 복수형은 5가지 종류가 있으며, 단수형에 어미를 붙여 만든다.

① (··) ② (··)e ③ (··)er ④ __(e)n ⑤ __s

• 복수형에서 모음(a, o, u)이 움라우트(ä, ö, ü)로 변하기도 한다.

• 복수의 정관사는 명사의 성 구분 없이 모두 die로 표기한다.

(1) 명사의 복수형

① (··)형 (어미가 없는 형)

복수형이 단수형과 동일하다. 여기에 속하는 명사는 대부분이 남성명사와 중성명사이다. 특히 -er, -el, -en으로 끝나는 남성과 중성명사가 대부분 여기에 속하며, 경우에 따라서는 모음이 변음하기도 한다.

단수형	복수형
der Lehrer 선생님	die Lehrer
das Fenster 창문	die Fenster
der Laden 가게	die Läden
der Vater 아버지	die Väter
die Mutter 어머니	die Mütter
die Tochter 딸	die Töchter
der Mantel 외투	die Mäntel
der Apfel 사과	die Äpfel
der Garten 정원	die Gärten

② (··)e형

단수형에 -e를 붙인다. 1음절의 남성·중성명사와 약간의 여성명사가 여기에 속하며, 경우에 따라서는 모음이 변음하기도 한다.

단수형	복수형
der Freund 친구	die Freunde
der Sohn 아들	die Söhne
die Nacht 밤	die Nächte
die Hand 손	die Hände
das Bein (동물)다리	die Beine
das Tier 동물	die Tiere

③ (··)er형

단수형에 -er을 붙인다. 1음절의 중성명사 다수와 남성명사 소수가 여기에 속한다. 모음은 거의 다 변음한다.

단수형	복수형
der Mann 남자	die Männer
der Gott 신	die Götter
der Wald 숲	die Wälder
das Buch 책	die Bücher
das Wort 단어	die Wörter
das Haus 집	die Häuser

④ _(e)n형

단수형에 -en을 붙인다. 단수형이 -e 또는 -r로 끝나는 경우에는 -n만 붙인다. 대부분의 여성명사가 여기에 속하며, 남성명사와 중성명사는 일부만 여기에 해당한다.

단수형	복수형
die Frau 여자	die Frauen
die Uhr 시계	die Uhren
die Blume 꽃	die Blumen
die Schwester 자매	die Schwestern
der Staat 국가	die Staaten
das Auge (사람의) 눈	die Augen

⑤ _s형

단수형에 -s를 붙인다. 대부분의 외래어(영어, 프랑스어)가 여기에 속한다.
모음은 변음하지 않는다.

단수형	복수형
das Auto 자동차	die Autos
der Park 공원	die Parks
das Hotel 호텔	die Hotels
das Sofa 소파	die Sofas

💡 **Smart-Tipps** : 사전에서 명사 변화 찾는 법

• 사전에는 명사의 단수 2격형과 복수 1격형이 표시되어 있다.

①Tag m. -(e)s / -e (☞ 단수 2격은 Tages, 복수 1격은 Tage)

②Frau f. – / -en (☞ 단수 2격은 Frau, 복수 1격은 Frauen)

③Kind n. -es / -er (☞ 단수 2격은 Kindes, 복수 1격은 Kinder)

※ m=Maskulinum(남성), f=Femininum(여성), n=Neutrum(중성)

(2) 명사 복수형의 격 변화

단수		der Mann 남자	die Frau 여자	das Hotel 호텔
복수	1격	die Männer 남자들이	die Frauen 여자들이	die Hotels 호텔들이
	2격	der Männer 남자들의	der Frauen 여자들의	der Hotels 호텔들의
	3격	**den Männern** 남자들에게	**den Frauen** 여자들에게	**den Hotels** 호텔들에게
	4격	die Männer 남자들을	die Frauen 여자들을	die Hotels 호텔들을

- 복수의 정관사는 명사의 성 구분 없이 모두 die로 표기한다.
- 복수형 3격에서 명사에 -n을 붙인다. 단, 복수 1격형이 -n이나 -s를 끝날 경우에는 -n을 붙이지 않는다.

💡 Smart-Tipps : 다시 한 번, 독일어 관사

앞서 설명한 관사 단수형과 이 과에서 정리한 복수형 관사의 격 변화를 정리해보자. 독일어 문장에서 명사의 격은 대개 관사를 통해 나타나고 격을 파악해야만 문장 내 명사의 역할을 이해해 전체의 내용을 파악할 수 있다. 다음은 관사의 특징이다.

- 관사는 정관사와 부정관사가 있다.
- 관사는 단수와 복수로 나뉜다.
- 관사는 남성과 여성과 중성으로 나뉜다.
- 관사는 1격, 2격, 3격, 4격으로 나뉜다.

관사는 바로 뒤에 나오는 명사의 성·수·격을 나타낸다. 특히 명사의 역할은 격을 통해 문장 내에서 정해지기 때문에 관사의 변화 형태는 독일어를 이해하고 사용하데 매우 중요하다. 관사의 형태와 기능을 빨리 파악할수록 독일어를 쉽고 빠르게 습득할 수 있다.

독일어 관사의 변화

수		단수						복수
성		남성		여성		중성		남성 · 여성 · 중성
격	관사	정관사	부정관사	정관사	부정관사	정관사	부정관사	정관사
1격		der	ein	die	eine	das	ein	die
2격		des	eines	der	einer	des	eines	der
3격		dem	einem	der	einer	dem	einem	den
4격		den	einen	die	eine	das	ein	die

A. 아래 명사의 복수형을 쓰시오.

단수형	복수형	단수형	복수형
der Vater		die Nacht	
die Mutter		das Bein	
das Fenster		der Mann	
der Garten		der Wald	
die Tochter		das Buch	
der Sohn		das Haus	
die Frau		das Auto	
der Staat		das Hotel	
das Auge		das Sofa	

B. 문장 안에서 명사의 격을 고려하면서 밑줄친 부분을 복수형으로 바꾸시오.

1. Ich esse einen Apfel.

    →

2. Er kauft einen Mantel.

    →

3. Sie gibt einem Freund ein Buch.

    →

4. Mein Vater hat ein Auto.

    →

5. Das Kind liebt das Tier.

    →

📖 Wortschatz

der Apfel 사과, das Auge (동물의) 눈, das Auto 자동차, das Bein (동물의) 다리,

die Blume 꽃, das Buch 책, das Fenster 창문, der Freund 친구, die Frau 여자,

der Garten 정원, der Gott 신, die Hand 손, der Mann 남자, das Hotel 호텔,

der Laden 가게, der Lehrer 선생님, der Mantel 외투, die Mutter 어머니, die Nacht 밤,

der Park 공원, die Schwester 자매/누이, das Sofa 소파, der Staat 국가, das Tier 동물,

die Tochter 딸, die Uhr 시계, der Vater 아버지, der Wald 숲, das Wort 단어

전치사

Smart-Point

- 전치사는 바로 뒤에 나오는 명사에 특정한 격을 부여한다.
- 전치사가 부여하는 격에는 4가지 종류가 있다.

① 2격 지배 전치사

② 3격 지배 전치사

③ 4격 지배 전치사

④ 3 · 4격 지배 전치사

(1) 2격 지배 전치사

statt ~대신에 trotz ~에도 불구하고 während ~동안에 wegen ~때문에

- statt

Sie kommt statt ihrer Mutter.

그녀는 어머니 대신에 온다.

- trotz

Trotz des Regens spielen die Kinder draußen.

비가 오는데도 불구하고 아이들은 밖에서 놀고 있다.

- während

Während der Sommerferien machen wir eine Reise.

여름방학에 우리는 여행을 할 것이다.

- wegen

Wegen der Erkältung kommt er heute nicht.

감기 때문에 그는 오늘 안 온다.

(2) 3격 지배 전치사

aus ~의 안으로부터 bei ~의 옆에서 mit ~와 함께
nach ~로(지명과 함께)/~ 후에 von ~부터 zu ~으로

- aus

Er geht **aus dem Zimmer**.

그는 방에서 나온다.

- bei

Sie wohnt **bei einer Freundin**.

그녀는 친구 집에서 살고 있다.

- mit

Er kommt **mit seinem Bruder**.

그는 동생과 함께 온다.

- nach

Ich fliege **nach Deutschland**.

나는 독일로 간다.

Nach dem Essen trinke ich eine Tasse Tee.

식사 후 나는 차 한잔을 마신다.

- von

Er kommt **von der Mensa**.

그는 학생식당에서 온다.

- zu

   Wir gehen **zu einer Ausstellung**.

   우리는 전시회에 간다.

(3) 4격 지배 전치사

bis ~까지   durch ~을 통해   für ~을 위해
gegen ~에 거슬러서   ohne ~없이   um ~주위에

- bis

   Der Zug fährt bis Berlin.

   기차는 베를린까지 간다.

- durch

   Er geht durch den Park.

   그는 공원을 가로질러 간다.

- für

   Er ist für den Plan.

   그는 그 계획에 찬성한다.

- gegen

   Er ist gegen den Plan.

   그는 그 계획에 반대한다.

- ohne

   Er trinkt Kaffee ohne Zucker.

   그는 설탕을 넣지 않고 커피를 마신다.

- um

Das Kind läuft um den Tisch.

아이가 책상 주위를 돈다.

(4) 3·4격 지배 전치사

• 전치사는 원칙적으로 하나의 격을 부여하는데 다음 9개의 전치사는 3
격 또는 4격을 지배한다.

• 일정한 장소 안에서 동작이 이루어질 때에는 3격을 사용하고, 다른 장
소로 이동해가는 방향을 나타낼 경우에는 4격을 사용한다.

	3격 지배	4격 지배
an	~옆에	~옆으로
auf	~위에	~위로
hinter	~뒤에	~뒤로
in	~안에	~안으로
neben	~옆에	~옆으로
über	~위쪽에	~위쪽으로
unter	~아래에	~아래로
vor	~앞에	~앞으로
zwischen	~사이에	~사이로

• 3격은 wo(어디)에 대한 답변으로, 4격은 wohin(어디로)에 대한 답변으
로 쓰인다.

Wo ist er?

그는 어디 있니?

- Er ist in der Schule.

(3격) 그는 학교에 있다.

Wohin geht er?

그는 어디로 가니?

- Er geht in die Schule.

(4격) 그는 학교로 간다.

- an

Das Bild hängt an der Wand.

(3격) 그림이 벽에 걸려 있다.

Er hängt das Bild an die Wand.

(4격) 그가 그림을 벽에 건다.

- auf

Der Bleistift liegt auf dem Tisch.

(3격) 연필이 책상 위에 놓여 있다.

Er legt den Bleistift auf den Tisch.

(4격) 그가 연필을 책상 위에 놓는다.

- hinter

Die Lampe steht hinter dem Fernseher.

(3격) 전등이 TV 뒤에 놓여 있다.

Er stellt die Lampe hinter den Fernseher.

(4격) 그가 전등을 TV 위에 놓는다.

- in

Er ist in dem Kino.

(3격) 그가 영화관 안에 있다.

Er geht in das Kino.

(4격) 그가 영화관 안으로 들어간다.

- neben

Eine Uhr liegt neben dem Stuhl.

(3격) 시계가 의자 옆에 놓여 있다.

Er legt eine Uhr neben den Stuhl.

(4격) 그가 시계를 의자 옆에 놓는다.

- über

Die Lampe hängt über dem Bett.

(3격) 전등이 침대 위에 걸려 있다.

Er hängt die Lampe über das Bett.

(4격) 그가 전등을 침대 위에 건다.

- unter

Er spielt unter dem Apfelbaum.

(3격) 그가 사과나무 아래에서 놀고 있다.

Er geht unter den Apfelbaum.

(4격) 그가 사과나무 아래로 간다.

- vor

Er steht vor der Tür.

(3격) 그가 문 앞에 서 있다.

Er geht vor die Tür.

(4격) 그가 문 앞으로 간다.

- zwischen

Der Kugelschreiber liegt zwischen den Büchern.

(3격) 만년필이 책 사이에 끼워져 있다.

Er legt den Kugelschreiber zwischen die Bücher.

(4격) 그가 만년필을 책 사이에 끼운다.

💡 Smart-Tipps : auf와 über의 차이, an과 neben의 차이

• auf와 über의 차이

auf는 어떤 물건 바로 위에 무언가가 놓여 있을 때, über는 어떤 것이 어떤 물건에서 약간 떨어진 위쪽에 놓여 있을 때 사용한다.

a. Das Buch liegt auf dem Tisch. 책은 책상 위에 놓여 있다.

b. Die Lampe hängt über dem Tisch. 전등은 책상 위에 걸려 있다.

예문**a**는 책이 책상 바로 위에 놓여 있는 것을 표현하고 있으며, 예문**b**는 전등이 책상 위쪽에 간격을 두고 걸려 있는 것을 표현하고 있다.

• an과 neben의 차이

an은 바로 옆에 붙어있는 경우를 표현할 때, neben은 약간 떨어져서 옆에 있는 경우를 표현할 때 사용한다.

a. Er steht an dem Tisch. 그는 책상 (바로) 옆에 서 있다.

b. Er steht neben dem Tisch. 그는 책상 옆에 서 있다.

예문**a**는 책상 바로 옆을 뜻하고, 예문**b**는 책상에서 약간 떨어져있는 것을 뜻한다.

---

(5) 전치사와 정관사의 융합형

몇몇 전치사는 지시력이 약한 정관사와 결합한다.

an dem → am / an das → ans
in dem → im / in das → ins
auf das → aufs
bei dem → beim
von dem → vom
zu dem → zum
zu der → zur

☀ Smart-Tipps : 융합형을 사용하지 않는 경우

정관사의 지시 기능이 강조될 경우에는 융합형을 쓰지 않는다.

Ich gehe **zum** Lehrer. 나는 선생님한테 간다.

Ich gehe **zu dem** Lehrer. 나는 그 선생님한테 간다.

일반적으로 '선생님한테 간다'고 표현할 때는 융합형을 사용하고, '특정한 선생님한테 간다'고 표현하고자 할 때에는 융합형을 사용하지 않는다.

A. 괄호 안의 뜻에 적합한 전치사를 골라 빈칸을 채우시오.

mit, zu, nach, bei, wegen, während

1. Der Student wohnt _____ dem Onkel.
   (그 학생은 삼촌 댁에서 살고 있다.)

2. Sie geht _____ ihrer Freundin.
   (그녀는 그녀의 친구와 함께 간다.)

3. Wir fahren _____ Berlin.
   (우리는 베를린으로 간다.)

4. Die Kinder gehen _____ einer Ausstellung.
   (아이들이 전시회에 간다.)

5. _____ der Winterferien bleibe ich in Frankfurt.
   (겨울방학 동안에 나는 프랑크푸르트에 머물고 있다.)

6. _____ der Krankheit bleibt er zu Hause.
   (아프기 때문에 그는 집에 머물고 있다.)

B. 빈칸에 알맞은 정관사를 넣으시오.

1. Das Buch liegt auf _____ Stuhl.

2. Sie legt das Buch auf _____ Stuhl.

3. Das Auto steht hinter _____ Haus.

4. Er stellt das Auto hinter _____ Haus.

5. Das Kind spielt vor _____ Tür.

6. Das Fahrrad steht unter _____ Baum.

7. Sie stellt die Tasche neben _____ Bett.

8. Er legt die Milch in _____ Kühlschrank.

9. Nach _____ Essen gehen wir ins Kino.

10. Wir fahren mit _____ Taxi.

Wortschatz

der Apfelbaum 사과나무, der Arzt 의사, die Ausstellung 전시회, der Baum 나무,
das Bett 침대, der Bleistift 연필, der Bruder 형/아우/형제,
die Bücher 책들(das Buch의 복수형), Deutschland 독일, draußen 밖에,
die Erkältung 감기, das Essen 식사, das Fahrrad 자전거,
fahren (운송수단 등을 타고) 가다, die Familie 가족, der Fernseher 텔레비전,
fliegen 날아가다, hängen 걸려 있다, der Kaffee 커피, das Kino 영화관,
kommen 오다, die Krankheit 병, der Kugelschreiber 볼펜, der Kühlschrank 냉장고,
 die Lampe 전등, liegen 누워 있다, die Mensa 학생식당, das Milch 우유,
die Mutter 어머니, der Onkel 삼촌, der Plan 계획, der Park 공원, der Regen 비,
die Reise 여행, die Sommerferien 여름방학('방학'은 복수형만 있음),
der Stuhl 의자, statt ~대신에, stellen 세우다, die Tasse 컵, der Tisch 책상,
trotz ~에도 불구하고, trinken 마시다, die Tür 문, die Wand 벽,
wegen ~때문에, während ~동안에, die Winterferien 겨울방학, das Zimmer 방,
zu Hause 집에, der Zucker 설탕, der Zug 열차

화법조동사

Lektion 14

Smart-Point

- 화법조동사는 본동사에 가능, 필연, 허가, 추측, 의지 등의 뜻을 더해주는 조동사이다.
- 독일어에는 6개의 화법조동사가 있다.

  dürfen, können, mögen, müssen, sollen, wollen
- 문장에서 화법조동사는 정동사 위치에 오고 본동사는 문장 끝에 놓인다.

(1) 화법조동사의 종류

dürfen ~해도 좋다(허가)

können ~할 수 있다(가능)

mögen ~일지 모른다(추측)

müssen ~해야 하다(필연, 의무)

sollen ~해야 한다고 한다, ~해야 할까?(전달, 상대방 의견 묻기)

wollen ~하려고 하다(의지)

(2) 화법조동사의 현재인칭 변화

화법조동사는 정동사 위치에 오기 때문에 주어에 따라 인칭 변화를 한다.

	dürfen	können	mögen	müssen	sollen	wollen
ich	**darf**	**kann**	**mag**	**muss**	**soll**	**will**
du	**darfst**	**kannst**	**magst**	**musst**	**sollst**	**willst**
Sie	dürfen	können	mögen	müssen	sollen	wollen
er	**darf**	**kann**	**mag**	**muss**	**soll**	**will**
wir	dürfen	können	mögen	müssen	sollen	wollen
ihr	dürft	könnt	mögt	müsst	sollt	wollt
sie	dürfen	können	mögen	müssen	sollen	wollen

- 화법조동사는 단수 인칭(sollen 제외)에서 어간 모음이 변한다.
- 단수 1인칭과 3인칭의 동사 형태가 동일하다.

(3) 화법조동사의 위치

화법조동사가 정동사가 되고 본동사는 부정형으로 문장 끝에 놓인다.

Er [will] nach Hause [gehen].

화법조동사   본동사

(4) 화법조동사의 용법

① dürfen(허가: ~해도 좋다)

Du darfst ins Kino **gehen**.

너는 영화관에 가도 된다.

② können(가능: ~할 수 있다)

Er **kann** Deutsch **sprechen**.

그는 독일어를 할 수 있다.

③ mögen(추측: ~일지 모른다)

Er **mag** etwa 20 Jahre alt **sein**.

그는 약 20살 정도일 것이다.

④müssen(필연, 의무: ~해야 하다)

Alle Menschen müssen einmal sterben.

모든 인간은 한번은 죽어야 한다.

Wir müssen um 6 Uhr aufstehen

우리는 6시에 일어나야 한다.

⑤sollen(전달, 상대방 의견 묻기: ~해야 한다고 한다, ~해야 할까?)

Der Arzt sagt, ich soll im Bett bleiben.

의사가 말하기를, 나는 침대에 누워 있어야 한다고 한다.

Soll ich das Fenster aufmachen?

내가 창문을 열까요?

⑥wollen(의지: ~하려고 하다)

Ich will nach Deutschland fliegen.

나는 독일에 가고 싶다.

(5) 중요한 표현: möchten ~하고 싶다

möchte는 mögen동사의 접속법 2식(영어의 가정법 과거에 해당) 형태로 '~하고 싶다'라는 뜻을 나타낸다. 이 표현은 생활독일어에서 자주 사용되므로 꼭 알아둘 필요가 있다.

인칭 \ 수		단수		복수	
1인칭		ich	möchte	wir	möchten
2인칭 2인칭	친칭	du	möchtest	ihr	möchtet
	존칭	Sie	möchten	Sie	möchten
3인칭		er sie es	möchte	sie	möchten

Ich möchte Bier trinken.

나는 맥주를 마시고 싶다.

Wir möchten mit dem Zug fahren.

우리는 기차를 타고 가고 싶다.

A. 빈칸에 알맞은 화법조동사 형태를 쓰시오.

ich	darf				
du		kannst			
er			mag		
wir				müssen	
ihr					sollt	
sie						wollen

B. 빈칸에 알맞은 화법조동사 형태를 채우고 우리말로 해석하시오.

1. Ich _____ Bier trinken. (wollen)

   →

2. Hier _____ man nicht rauchen. (dürfen)

   →

3. _____ du mir helfen? (können)

   →

4. Er _____ die Hausaufgabe machen. (müssen)

   →

5. _____ ich das Fenster aufmachen? (sollen)

   →

◈ Wortschatz

all 모든, alt 오래된/늙은, aufmachen 열다, das Bett 잠자리/침대,
das Bier 맥주, bleiben 머무르다, einmal 한번, fliegen 날다/비행하다,
das Fenster 창문, gehen 걷다, die Hausaufgabe 과제,
die Jahre 해/년(das Jahr의 복수형), das Kino 영화관, der Mensch 사람,
nach Hause 집으로 가다, rauchen 흡연하다, sterben 죽다,
sprechen 말하다, trinken 마시다

형용사

Smart-Point

- 형용사에는 3가지 (부가적, 술어적, 부사적)용법이 있다.
- 형용사가 부가적으로 사용될 때 어미 변화를 한다.

(1) 형용사의 3가지 용법

① 부가적 용법

명사 앞에서 명사를 수식한다.

eine schöne Frau

예쁜 여자

② 술어적 용법

sein동사와 함께 쓰이면서 주어를 서술해준다.

Die Frau ist schön.

그 여자는 예쁘다.

③ 부사적 용법

동사를 수식한다.

Die Frau singt **schön**.

그 여자는 노래를 잘 한다.

(2) 형용사의 어미 변화

- 위의 부가적 용법에서 형용사에 어미가 추가되는 것(schön-e)을 확인할 수 있다.
- 이와 같이 형용사의 어미는 명사의 격에 따라 변화한다.
- 형용사의 어미 변화는 3가지 유형으로 구분할 수 있다. 즉, 형용사 앞에 관사가 없을 경우, 정관사가 나올 경우, 부정관사가 나올 경우가 그것이다.

① 형용사 앞에 관사가 없을 경우(형용사 + 명사)

수 성 격	단수			복수
	남성	여성	중성	남성 · 여성 · 중성
1	-er	-e	-es	-e
2	-en	-er	-en	-er
3	-em	-er	-em	-en
4	-en	-e	-es	-e

수 성 격	단수			복수
	남성	여성	중성	남성 · 여성 · 중성
1	alt**er** Wein	kalt**e** Luft	warm**es** Wasser	gut**e** Leute
2	alt**en** Wein**es**	kalt**er** Luft	warm**en** Wasser**s**	gut**er** Leute
3	alt**em** Wein	kalt**er** Luft	warm**em** Wasser	gut**en** Leut**en**
4	alt**en** Wein	kalt**e** Luft	warm**es** Wasser	gut**e** Leute

- 관사가 없을 경우에는 정관사 어미 변화를 따른다.
- 남성과 중성 2격에서는 명사에 2격 어미 -es가 있기 때문에 형용사 어

미는 -en이 된다.

- 명사 앞에 형용사만 나올 경우에는 형용사가 명사의 성·수·격을 표현
  해주는 역할을 한다. 그래서 형용사 어미가 다양하게 변한다.

Ich möchte warmes Wasser trinken.

나는 따뜻한 물을 마시고 싶다.

Er will alten Wein kaufen.

그는 오래된 포도주를 사려고 한다.

② 형용사 앞에 정관사가 쓰일 경우(정관사 + 형용사 + 명사)

수	단수			복수
격 〳 성	남성	여성	중성	남성 · 여성 · 중성
1	-e	-e	-e	-en
2	-en	-en	-en	-en
3	-en	-en	-en	-en
4	-en	-e	-e	-en

수	단수			복수
격 〳 성	남성	여성	중성	남성 · 여성 · 중성
1	der nette Mann	die nette Frau	das nette Kind	die netten Leute
2	des netten Mannes	der netten Frau	des netten Kindes	der netten Leute
3	dem netten Mann	der netten Frau	dem netten Kind	den netten Leuten
4	den netten Mann	die nette Frau	das nette Kind	die netten Leute

- 형용사 앞에 있는 정관사가 명사의 성·수·격을 나타내고 있어서 형용
  사 어미는 많이 변하지 않는다.
- 일부(단수에서 남성1격, 여성1격, 중성1격/여성4격, 중성 4격)를 제외하

고는 대부분의 형용사 어미가 -en으로 끝난다.

Die **nette** Frau kommt aus Korea.

그 친절한 여성은 한국에서 왔다.

Das **nette** Kind fährt mit dem Bus.

그 친절한 아이는 버스를 타고 간다.

③ 형용사 앞에 부정관사가 쓰일 경우(부정관사 + 형용사 + 명사)

수	단수		
성 격	남성	여성	중성
1	-er	-e	-es
2	-en	-en	-en
3	-en	-en	-en
4	-en	-e	-es

수	단수		
성 격	남성	여성	중성
1	ein nett**er** Vater	eine nett**e** Mutter	ein klein**es** Haus
2	ein nett**eren** Vaters	einer nett**en** Mutter	eines klein**en** Hauses
3	ein nett**en** Vater	einer nett**en** Mutter	einem klein**en** Haus
4	ein nett**en** Vater	eine nett**e** Mutter	ein klein**es** Haus

- 부정관사가 함께 쓰이기 때문에 복수형이 없다.
- 남성 단수 1격에 -er이, 중성 단수 1격과 4격에 -es가 붙는 것 외에는 정 관사가 앞에 올 때와 동일하다.
- 남성 단수 1격과 중성 단수 1격과 4격에서는 부정관사에 격 어미가 없 다. 그 때문에 격을 표현하기 위해서 형용사에 격 어미가 붙는 것이다.

Er steht vor einem **kleinen** Haus.

그는 작은 집 앞에 서 있다.

✏ Übung macht den Meister

A. 아래 단어를 이용하여 괄호 안의 뜻에 맞게 표현하시오.

der, Mann, schön, tanzt, ist

1. 멋있는 남자
2. 그 남자는 멋있다.
3. 그 남자는 멋지게 춤을 춘다.

B. 빈칸에 알맞은 형용사 어미를 넣으시오.

1. Die klein___ Uhr ist teuer.

2. Wo ist das alt___ Haus?

3. Der schwarz___ Wagen ist prima.

4. Wir brauchen einen neu___ Reiseplan.

5. Er kauft eine rot___ Tasche.

6. Sie hat ein schön___ Bild.

7. Wir trinken kalt___ Wasser.

8. Ich kenne die nett___ Leute.

📖 Wortschatz

das Bild 그림, brauchen 필요하다, der Bus 버스, erfahren 경험하다, die Frau 여자, das Haus 집, kalt 차가운, kaufen 사다, kennen 알다, klein 작은, die Leute 사람들, die Luft 공기, nett 친절한, neu 새로운, prima 최고의, der Reiseplan 여행 계획, rot 빨간, schwarz 검은, schön 아름다운, singen 노래하다, die Tasche 가방, teuer 비싼, trinken 마시다, die Uhr 시/시계, vor ~앞에, das Wagen 자동차, warm 따뜻한, das Wasser 물, der Wein 포도주

Lektion 16 형용사의 비교급과 최상급

Smart-Point

- 비교급에서는 -er, 최상급에서는 -(e)st를 붙인다.
- 단음절 형용사의 모음 a, o, u는 비교급과 최상급에서 ä, ö, ü로 바뀐다.
- -d, -t, -ß, -z, -sch 등으로 끝나는 형용사에서는 발음을 편하게 하기 위해서 최상급에서 -st 앞에 -e-를 추가한다.
- -el, -er로 끝나는 형용사는 비교급에서 보통 -e를 생략한다.
- -e로 끝나는 형용사는 비교급에서 -e를 중복하지 않는다.

(1) 형용사의 비교급과 최상급

① 규칙 변화

- 비교급에서는 -er, 최상급에서는 -(e)st

원급	비교급	최상급
klein 작은	kleiner	kleinst
schnell 빠른	schneller	schnellst
langsam 느린	langsamer	langsamst

- 비교급과 최상급에서 ä, ö, ü로

원급	비교급	최상급
warm 따뜻한	wärmer	wärmst
jung 젊은	jünger	jüngst
lang 긴	länger	längst

• -d, -t, -ß, -z, -sch 등으로 끝나는 형용사에서는 최상급에서 -est

원급	비교급	최상급
breit 넓은	breiter	breitest
kurz 짧은	kürzer	kürzest
heiß 뜨거운	kürzer	heißest

• -el, -er로 끝나는 형용사는 비교급에서 보통 -e를 생략

원급	비교급	최상급
teuer 비싼	teu(e)rer	teuerst
dunkel 어두운	dunk(e)ler	dunkelst

• -e로 끝나는 형용사는 비교급에서 -e를 중복하지 않는다.

원급	비교급	최상급
weise 뜨거운	weiser	weisest

② 불규칙 변화

원급	비교급	최상급
gut 좋은	besser	best
groß 큰	größer	größt
nah 가까운	näher	nächst
hoch 높은	höher	höchst
gern 기꺼이	lieber	liebst
viel 많은	mehr	meist
wenig 적은	weniger	wenigst

(2) 형용사 비교급과 최상급의 용법

① 부가적 용법

Das ist ein schnelles Auto.

이것은 빠른 자동차다.

Das ist ein **schnelleres** Auto.

이것은 더 빠른 자동차다.

Das ist das **schnellste** Auto.

이것은 가장 빠른 자동차다.

☞ schnelleres와 schnellstes에서 -es는 형용사 어미

② 술어적 용법

Ich bin fleißig.

나는 부지런하다.

Meine Schwester ist **fleißiger**.

내 여동생은 더 부지런하다.

Mein Bruder ist am **fleißigsten**.

내 남동생이 가장 부지런하다.

• 원급비교: so + 원급 + wie

Er ist **so** klein **wie** ich.

그는 나만큼 작다.

- 비교급 + als

Er ist kleiner als ich.

그는 나보다 작다.

③ 부사적 용법

동사를 수식하는 부사의 역할을 한다.

Er singt besser als ich.

그가 나보다 노래를 더 잘 한다.

Er singt am besten.

그가 노래를 가장 잘 한다.

④ 추가 표현

- immer + 비교급 / 비교급 + 비교급 : 점점 더 ~

Der Baum wird immer größer.

그 나무는 점점 더 커진다.

Der Baum wird größer und größer.

그 나무는 점점 더 커진다.

- je+비교급 ~(동사 후치), desto+비교급~(동사 도치): ~할수록 더 ~하다

Je höher man steigt, **desto dünner** wird die Luft.

높이 올라가면 갈수록 공기가 더 희박해진다.

☞ 앞 문장에서는 동사가 마지막에 나오고, 뒷 문장에서는 동사가 주어 앞에 나온다.

A. 빈칸을 채우시오.

원급	비교급	최상급
kurz		
warm		
lang		
gut		
groß		
nah		
hoch		
gern		
viel		

B. 아래 한국어 뜻에 맞는 형용사 형태를 빈칸에 쓰시오.

1. Peter ist _____ als Hans. (jung)

   페터가 한스보다 젊다.

2. Er ist so _____ wie du. (groß)

   그는 너만큼 크다.

3. Sein Auto fährt _____ als mein Auto. (schnell)

   그의 자동차는 내 자동차보다 빨리 달린다.

4. Der Winter ist _____. (kalt)

   겨울은 춥다.

5. Die Frau tanzt _____ als ich. (gut)

   그 여자는 나보다 춤을 잘 춘다.

6. Die Frau tanzt _____. (gut)

   그 여자는 춤을 잘 춘다.

7. Die Schule liegt _____ als die Kirche. (nah)

   학교가 교회보다 가깝게 있다.

Wortschatz

das Auto 자동차, der Baum 나무, breit 넓은, der Bruder 아우/형제, dunkel 어두운, dünn 희박한, fleißig 부지런한, die Frau 여자, gern 기꺼이, groß 큰, gut 좋은, heiß 뜨거운, hoch 높은, immer 항상, jung 젊은, die Kirche 교회, klein 작은, kurz 짧은, lang 긴, liegen 놓여 있다, die Luft 공기, nah 가까운, schnell 빠른, die Schule 학교, die Schwester 자매/누이, singen 노래하다, steigen 오르다, tanzen 춤추다, teuer 비싼, viel 많은, warm 따뜻한, weise 현명한, wenig 적은, der Winter 겨울

Lektion 17 첫 번째, 두 번째, 세 번째

Smart-Point

- 1에서 19까지는 [기수-t], 20이상은 [기수-st]의 형태를 갖는다.
- 서수는 형용사로서 항상 정관사와 함께 명사 앞에서 부가적으로 쓰이며, 형용사 어미 변화를 한다.

(1) 서수

- 1에서 19까지는 [기수-t], 20이상은 [기수-st]로 변화를 한다.
- 단, 숫자 몇 개(1, 3, 7, 8)는 불규칙적인 변화를 한다.

1	2	3	4	5
erst	zweit	dritt	viert	fünft
6	7	8	9	10
sechst	siebt	acht	neunt	zehnt
11	12	13	14	15
elft	zwölft	dreizehnt	vierzehnt	fünfzehnt
16	17	18	19	
sechzehnt	siebzehnt	achtzehnt	neunzehnt	

20	21	22	30	40
zwanzigst	einundzwanzigst	zweiundzwanzigst	dreißigst	vierzigst
50	60	70	80	84
fünfzigst	sechzigst	siebzigst	achtzigst	vierundachtzigst
90	100	101	1000	10000
neunzigst	hundertst	hunderterst	tausendst	zehntausendst

(2) 서수의 용법

① 정관사와 함께 부가적으로 사용

서수는 형용사로서 항상 정관사와 함께 명사 앞에서 부가적으로 쓰이며, 형용사 어미 변화를 한다(☞형용사 변화 참조).

> in dem **einundzwanzigsten** Jahrhundert
>
> 21세기에
>
> das **vierte** Kapitel
>
> 제4장
>
> der **erste** Schnee
>
> 첫눈

② 날짜를 표현할 때

> **der 3. Oktober 2012 (der dritte Oktober zweitausendzwölf)**
>
> 2012년 10월 3일

- 날짜는 일-월-연도 순서로 나열한다.
- '일'은 서수로 표현한다. dritte는 3번째 날을 뜻한다. dritte 다음에 '일'을 뜻하는 Tag이 생략되어 있다.
- 월명은 주로 명사(10월=Oktober)로 표현하며, '일'과 같이 '10.(zehnte)'로 표현해도 된다.
- 연도는 기수로 표현한다.

Der wievielte ist heute?

오늘이 며칠입니까?

Heute ist der 8. November.

오늘은 11월 8일입니다.

Wann sind Sie geboren?

당신은 언제 태어났습니까?

Ich bin am 28. April 1995 geboren.

나는 1995년 4월 28일에 태어났습니다.

☞ 1995: neunzehnhundertfünfundneunzig

> 💡 **Smart-Tipps** : 1900년대까지 연호 읽는 법
> • 1900년대까지 연호는 일반 숫자와 달리 다음과 같이 읽는다.
> [연호] 1997년: neunzehnhundertsiebenundneunzig (19-백-97)
> [일반 숫자] 1997: eintausendneunhundertsiebenundneunzig (1천-9백-97)

(3) 요일, 월, 계절

요일	월요일	화요일	수요일	목요일
	Montag	Dienstag	Mittwoch	Donnerstag
Wochentag	금요일	토요일	일요일	
	Freitag	Samstag	Sonntag	

월	1월	2월	3월	4월	5월	6월
	Januar	Februar	März	April	Mai	Juni
Monat	7월	8월	9월	10월	11월	12월
	Juli	August	September	Oktober	November	Dezember

계절	봄	여름	가을	겨울
Jahreszeit	Frühling	Sommer	Herbst	Winter

요일, 월, 계절을 나타내는 명사는 모두 남성명사이다.

Am Samstag spiele ich Fußball.

토요일에 나는 축구를 한다.

Im August fliege ich nach Deutschland.

8월에 나는 독일에 간다.

Im Winter fahren wir Schi.

겨울에 우리는 스키를 탄다.

☞ 요일에는 항상 전치사와 정관사 융합형 am을, 월과 계절에는 im을 쓴다.

A. 다음 숫자를 서수로 쓰시오.

2		31	
4		35	
5		48	
9		55	
10		62	
12		80	
14		90	
16		93	
17		100	
20		1000	

B. 틀린 곳을 찾아 바르게 쓰시오.

1. einst (1) →

2. dreit (3) →

3. siebent (7) →

4. achtt (8) →

C. 아래를 독일어로 쓰시오.

1. 2013년

   →

2. 1996년

   →

D. 밑줄 친 부분을 독일어로 쓰시오.

1. Heute ist der 9. August 2013.

   →

2. Ich bin am 17. Juni 1997 geboren.

   →

Lektion 18 분리동사와 비분리동사

🔍 Smart-Point

[분리동사]

- 분리동사는 기본동사 앞에 새로운 부분이 추가되어 만들어진 동사이다.
- 새로 추가된 부분을 분리전철이라 하며, 그것들은 다양한 품사로 이루어진다.
- 분리전철과 기본동사의 의미를 토대로 분리동사의 뜻을 유추할 수 있다.
- 강세 위치: 새로 추가된 부분(전철)에 부여된다. (án-kommen)
- 분리동사가 정동사로 사용될 때 분리전철은 분리되어 문장 끝에 위치한다.

[비분리동사]

- 비분리동사는 기본동사 앞에 추가되는 부분(전철)이 분리되지 않는 동사이다.
- 이러한 전철을 비분리전철이라고 한다.
- 비분리전철과 기본동사의 의미로부터 비분리동사의 뜻을 유추할 수 없다.
- 강세 위치: 새로 추가된 부분(전철)이 아니라 기본동사에 부여된다.(be-súchen)
- 비분리동사는 전철과 하나가 되어 정동사 위치에 온다.

(1) 분리동사

① 주요 분리전철

전치사	**an, auf, mit, vor, zu**
	ankommen 도착하다, aufstehen 일어나다, mitkommen 함께 오다, vorhaben 계획하다, zumachen 닫다
부사	**zurück, weg, her**
	zurückkommen 돌아오다, wegfahren 떠나다, herkommen 이쪽으로 오다
형용사	**fest, hoch, bekannt**
	feststellen 확인하다, hochachten 공경하다, bekanntmachen 알리다
명사	**teil, dank**
	teilnehmen 참가하다, danksagen 감사의 말을 하다
동사	**spazieren, kennen**
	spazierengehen 산책하다, kennenlernen 사귀다,

120 스마트 독일어

② 분리동사의 뜻

분리전철과 기본동사의 의미를 토대로 분리동사의 뜻을 유추할 수 있다.

aufstehen = auf(분리전철) + stehen(기본동사)
일어나다   위쪽으로   서다

ausgehen = aus(분리전철) + gehen(기본동사)
나가다   밖으로   가다

③ 강세 위치

분리동사의 강세는 분리전철에 부여된다.

zú-machen, fést-stellen, téil-nehmen

④ 분리동사 위치

분리전철은 문장 끝에 위치한다.

(평서문) Er **steht** um 6 Uhr **auf**.

그는 6시에 일어난다. (동사 aufstehen)

(의문문) **Steht** er um 6 Uhr **auf**?

그가 6시에 일어납니까?

Um wie viel Uhr **steht** er **auf**?

그가 몇시에 일어납니까?

(명령문) **Steh** um 6 Uhr **auf**!

6시에 일어나라.

(2) 비분리동사

① 주요 비분리전철

be-	besuchen 방문하다	ge-	gehören ~에 속하다
er-	erfahren 경험하다	miß-	mißbrauchen 악용하다
emp-	empfehlen 추천하다	ver-	verstehen 이해하다
ent-	entdecken 발견하다	zer-	zerstören 파괴하다

② 비분리동사의 뜻

분리동사와는 달리, 비분리전철과 기본동사의 의미로부터 비분리동사의
뜻을 유추할 수 없다.

③ 강세 위치

비분리동사의 강세는 기본동사에 부여된다.

be-sùchen, ver-stéhen, er-fáhren

④ 비분리동사의 위치

기본동사 앞에 추가된 전철은 분리되지 않는다.

(평서문) Er **besucht** seine Tante.

그는 이모를 방문한다.

(의문문) **Besucht** er seine Tante?

그가 이모를 방문합니까?

Wen besucht er?

그가 누구를 방문합니까?

(명령문) **Besuch** deine Tante!

너의 이모를 방문해라.

A. 아래 단어를 분리동사와 비분리동사로 구분하시오.

ankommen, spazierengehen, entdecken, vorhaben, zumachen, besuchen, feststellen, bekanntmachen, mißbrauchen, teilnehmen, empfehlen, mitgehen, erfahren, verstehen

1. 분리동사

2. 비분리동사

B. 괄호 안의 동사를 활용하여 아래 문장을 완성하시오.

1. Ich (ankommen) um 9 Uhr.

→

2. Er (aufstehen) um 6 Uhr.

→

3. Wir (zumachen) das Fenster.

→

4. Ich (verstehen) dich.

→

5. Wir (spazierengehen) nachmittags.

→

6. Wir (mitkommen) auch.

→

7. Ich (fernsehen) jeden Abend.

→

8. Ich (anrufen) dich.

→

Wortschatz

ankommen 도착하다, auch 또한, aufstehen 일어나다, bekanntmachen 알리다,

besuchen 방문하다, danksagen 감사의 말을 하다, empfehlen 추천하다,

entdecken 발견하다, erfahren 경험하다, fernsehen 텔레비전을 시청하다,

feststellen 확인하다, herkommen 이쪽으로 오다, hochachten 공경하다,

jeden Abend 매일 저녁, kennen 알다, kennenlernen 사귀다,

mißbrauchen 악용하다, mitgehen 함께 가다, mitkommen 함께 오다,

nachmittags 오후에, spazierengehen 산책하다, die Tante 이모/숙모/고모,

teilnehmen 참가하다, verstehen 이해하다, vorhaben 계획하다, wegfahren 떠나다,

zerstören 파괴하다, zumachen 닫다, zurück 뒤로/되돌아,

zurückkommen 돌아오다

Lektion 19 동사의 3기본형

🔍 Smart-Point

동사의 부정형, 과거형, 과거분사형을 동사의 3기본형이라고 한다.
동사의 3기본형에는 규칙 변화형과 불규칙 변화형이 있다.

[규칙 변화]
과거형은 동사 어간에 -te를 붙여 만든다.(sag-te)
과거분사형은 동사 어간 앞뒤에 각각 ge와 t를 붙여 만든다.(ge-sag-t)

[불규칙 변화]
과거형과 과거분사형에서 동사의 어간 모음이 변화되는 동사들이 있다.(kommen)
과거형은 어간 모음만 바뀌고 어미(규칙 변화 -te)는 붙지 않는다.(kam)
과거분사형에서는 동사 어간 앞뒤에 각각 ge와 -en을 붙인다.(ge-komm-en)

(1) 규칙 변화

① 기본 규칙: 과거형은 동사 어간에 -te를, 과거분사형은 동사 어간 앞뒤에 각각 ge와 t를 붙이다.

부정형	과거형	과거분사형
-en	-te	ge-t
kaufen 사다	kaufte	gekauft
sagen 말하다	sagte	gesagt
machen 하다	machte	gemacht
wohnen 거주하다	wohnte	gewohnt
lernen 배우다	lernte	gelernt
lieben 사랑하다	liebte	geliebt

② 동사 어간이 -t, -d 등으로 끝나는 동사는 과거와 과거분사에서 발음을 편하게 하기 위해서 -e-를 넣는다.

부정형	과거형	과거분사형
-en	-te	ge-t
arbeiten 일하다	arbeitete	gearbeitet
reden 말하다	redete	geredet
baden 목욕하다	badete	gebadet
warten 기다리다	wartete	gewartet
öffnen 열다	öffnete	geöffnet

③ -ieren으로 끝나는 동사의 과거분사형에서는 ge-를 붙이지 않는다.

부정형	과거형	과거분사형
-en	-te	-t
studieren 공부하다	studierte	studiert
markieren 표시하다	markierte	markiert
gratulieren 축하하다	gratulierte	gratuliert
telefonieren 전화하다	telefonierte	telefoniert

(2) 불규칙 변화

① 과거형과 과거분사형에서 동사의 어간 모음이 변화되는 동사

• 과거형은 어간 모음만 바뀌고 어미(규칙 변화 -te)는 붙지 않는다.
• 과거분사형에서는 동사 어간 앞뒤에 각각 ge와 -en을 붙인다.

부정형	과거형	과거분사형
-en	어간 모음변화 -	ge-en
fahren 타고 가다	fuhr	gefahren
geben 주다	gab	gegeben
essen 먹다	aß	gegessen
sehen 보다	sah	gesehen
kommen 오다	kam	gekommen
stehen 서 있다	stand	gestanden
sprechen 말하다	sprach	gesprochen
nehmen 받다	nahm	genommen
helfen 돕다	half	geholfen
trinken 마시다	trank	getrunken
liegen 놓여 있다	lag	gelegen
sitzen 앉아 있다	saß	gesessen

② 극히 일부 동사만 과거형에 -te를, 과거분사형에 ge-t를 붙인다

부정형	과거형	과거분사형
---en	어간 모음변화-te	ge---t
kennen 알다	kannte	gekannt
senden 보내다	sandte	gesandt
bringen 가져가다	brachte	gebracht
denken 생각하다	dachte	gedacht
wissen 알다	wußte	gewußt

③ 자주 사용되는 동사 sein, haben, werden

부정형	과거형	과거분사형
sein 이다, 있다	war	gewesen
haben 가지고 있다	hatte	gehabt
werden 되다	wurde	geworden

(3) 분리동사와 비분리동사의 3기본형

① 분리동사

과거형에서는 기본동사 부분만 과거형으로 바꾸고, 과거분사형에서는 ge
를 분리전철과 기본동사 사이에 넣는다.

부정형	과거형	과거분사형
aufmachen 열다	aufmachte	aufgemacht
zumachen 닫다	zumachte	zugemacht
abholen 데려오다	abholte	abgeholt
ankommen 도착하다	ankam	angekommen
ausgehen 나가다	ausging	ausgegangen
teilnehmen 참가하다	teilnahm	teilgenommen

② 비분리동사

과거형에서는 기본동사 부분만 과거형으로 바꾸고, 과거분사형에는 ge-를
붙이지 않는다.

부정형	과거형	과거분사형
bezahlen 지불하다	bezahlte	bezahlt
erklären 설명하다	erklärte	erklärt
gehören 속하다	gehörte	gehört
verkaufen 팔다	verkaufte	verkauft

A. 빈칸에 알맞은 동사형(규칙 변화)을 쓰시오.

부정형	과거형	과거분사형
sagen		
	machte	
		gelernt
lieben		
	arbeitete	
warten		
	studierte	

B. 빈칸에 알맞은 동사형(불규칙 변화)을 쓰시오.

부정형	과거형	과거분사형
fahren		
	gab	
essen		
	sah	
		gekommen
sprechen		
	trank	
helfen		
	brachte	
denken		
		gekannt
sein		
haben		

C. 빈칸에 알맞은 동사형(분리/비분리동사)을 쓰시오.

부정형	과거형	과거분사형
aufmachen		
	zumachte	
		abgeholt
ankommen		
	ausging	
bezahlen		
	verkaufte	

Wortschatz

abholen 데려오다, ankommen 도착하다, arbeiten 일하다, aufmachen 열다,
ausgehen 나가다, baden 목욕하다, bezahlen 지불하다, bringen 가져오다,
denken 생각하다, erklären 설명하다, essen 먹다, fahren 타고 가다, geben 주다,
gehören 속하다, gratulieren 축하하다, helfen 돕다, kaufen 사다, kennen 알다,
kommen 오다, lernen 배우다, lieben 사랑하다, liegen 놓여 있다, machen 하다,
markieren 표시하다, nehmen 받다, öffnen 열다, reden 말하다, sagen 말하다,
sehen 보다, senden 보내다, sitzen 앉아 있다, sprechen 말하다, stehen 서 있다,
studieren 공부하다, teilnehmen 참가하다, telefonieren 전화하다, trinken 마시다,
verkaufen 팔다, warten 기다리다, werden 되다, wissen 알다, wohnen 거주하다,
zumachen 닫다

Lektion 20 과거인칭 변화

🔍 Smart-Point

- 과거인칭 변화는 현재인칭 변화보다 단순하다.
- 1인칭 단수와 3인칭 단수에서는 어미를 추가하지 않고 과거형을 그대로 사용한다.
- 나머지 인칭에서는 현재인칭 변화 어미와 과거인칭 변화 어미가 동일하다.

(1) 과거인칭 변화 어미

동사의 과거형이 실제 문장에서 사용될 때에는 인칭 변화를 한다. 현재인칭 변화와 비교하면서 과거인칭 변화를 알아보자.

	현재인칭 변화 어미	과거인칭 변화 어미		현재인칭 변화 어미	과거인칭 변화 어미
ich	-e	-	wir	-en	-en
du	-st	-st	ihr	-t	-t
er/sie/es	-t	-	sie	-en	-en

- 단수 1인칭과 3인칭을 제외하면 모두 현재인칭 변화 어미와 같다.

(2) 동사의 과거인칭 변화

	trinken 마시다	gehen 가다	lernen 배우다	werden 되다
ich	trank	ging	lernte	wurde
du	trankst	gingst	lentest	wurdest
er/sie/es	trank	ging	lernte	wurde
wir	tranken	gingen	lernten	wurden
ihr	trankt	gingt	lerntet	wurdet
sie	tranken	gingen	lernten	wurden

- e로 끝나는 과거형에는 복수 1인칭(wir)과 3인칭(sie)에서 -n만 붙인다.

In Berlin **lernten** wir Deutsch.

베를린에서 우리는 독일어를 배웠다.

Sie **wurde** eine Malerin.

그녀는 화가가 되었다.

Er **trank** Bier.

그는 맥주를 마셨다.

Gestern Abend **ging** sie ins Konzert.

어제 저녁에 그녀는 연주회에 갔다.

Der Zug **kam** pünktlich **an**.

기차가 정확하게 도착했다.

☞분리동사는 기본동사만 과거형으로 바뀌고, 전철은 문장 끝에 놓인다.

(3) sein과 haben 동사의 과거인칭 변화

sein과 haben 동사의 과거인칭 변화는 다음과 같다.

	war	hatte
ich	war	hatte
du	warst	hattest
er/sie/es	war	hatte
wir	waren	hatten
ihr	wart	hattet
sie	waren	hatten

Ich war reich.

나는 부유했다.

Du warst faul.

너는 게을렀다.

Er war fleißig.

그는 부지런했다.

Wir waren traurig.

우리는 슬펐다.

Ihr wart gesund.

너희들은 건강했다.

Sie waren arm.

그들은 가난했다.

Ich **hatte** keine Zeit.

나는 시간이 없었다.

Du **hattest** kein Auto.

너는 자동차가 없었다.

Er **hatte** kein Haus.

그는 집이 없었다.

Wir **hatten** kein Geld.

우리는 돈이 없었다.

Ihr **hattet** keine Angst.

너희들은 걱정이 없었다.

Sie **hatten** keine Fahrkarten.

그들은 차표가 없었다.

A. 빈칸에 알맞은 과거인칭 변화형을 쓰시오.

	lernen	werden	trinken	gehen
ich	lernte	wurde	trank	ging
du				
er/sie/es	lernte			
wir		wurden		gingen
ihr	lerntet		trankt	gingt
sie		wurden	tranken	

B. 빈칸에 알맞은 과거인칭 변화형을 쓰시오.

	sein	haben
ich		
du		
er/sie/es		
wir		
ihr		
sie		

Wortschatz

der Abend 저녁, die Angst 걱정, arm 가난한, die Fahrkarte 차표, faul 게으른, fleißig 부지런한, gehen 가다, gestern 어제, gesund 건강한, das Geld 돈, das Haus 집, das Konzert 콘서트, lernen 배우다, die Malerin 여자 화가, pünktlich 정확히, reich 부유한, traurig 슬픈, trinken 마시다, werden 되다, die Zeit 시간

Lektion 21

현재완료와 과거완료

🔍 Smart-Point

- 완료시제는 '완료조동사 + 과거분사' 형태로 구성된다.
- 완료조동사에는 haben과 sein이 있는데, 대부분의 동사는 haben동사를 취한다.

[현재완료]
- 기본 형태: haben/sein의 현재형+과거분사
- 지난 일을 표현할 때 사용하며, 구어체에서 주로 사용한다.

[과거완료]
- 기본 형태: haben/sein의 과거형+과거분사
- 과거완료는 현재완료형에서 완료조동사를 과거형으로 바꾸기만 하면 된다.

(1) 완료시제의 기본 형태

완료시제는 '완료조동사 + 과거분사' 형태로 구성되며, 완료조동사는 haben과 sein을 사용한다.

kaufen 사다 ⇒ haben gekauft 샀다
gehen 가다 ⇒ sein gegangen 갔다

- 대부분의 동사가 haben동사를 완료조동사로 취한다. sein과 결합하여 완료형이 되는 동사는 많지 않다.

(2) sein을 완료조동사로 취하는 동사

① 장소의 이동을 나타내는 동사:

kommen(오다), fahren(타고 가다), gehen(걸어가다), steigen(오르다), fallen(떨어지다), laufen(달리다), fliegen(날아가다) 등

> Er **ist** zu mir **gekommen.**
>
> 그는 내게로 왔다.
>
> Sie **ist** nach China **geflogen.**
>
> 그녀는 중국으로 갔다.
>
> Wir **sind** sehr schnell in die Schule **gelaufen.**
>
> 우리는 아주 빨리 학교로 뛰어갔다.

② 상태의 변화를 나타내는 동사:

sterben(죽다), werden(되다), wachsen(성장하다), einschlafen(잠들다), verschwinden(사라지다) 등

> Sie **ist** gestern **gestorben.**
>
> 그녀는 어제 죽었다.

Das Kind ist eingeschlafen.

그 아이는 잠이 들었다.

Er ist ein Dichter geworden.

그는 시인이 되었다.

③ sein(~이다), bleiben(남다) 동사

Er ist damals reich gewesen.

그는 그 당시에 부자였다.

Wir sind gestern Abend zu Hause geblieben.

우리는 어제 저녁에 집에 있었다.

④ 3격 목적어를 취하는 일부 동사:

begegnen(만나다), folgen(따르다), gelingen(이루어지다) 등

Auf der Straße bin ich meinem Freund begegnet.

거리에서 나는 내 친구를 만났다.

Das ist mir gelungen.

그것이 나에게 이루어졌다.

이 외에 나머지 동사는 모두 완료형에서 haben동사와 결합한다.

(3) 문장에서의 완료형의 위치

평서문에서 완료조동사는 2번째에 위치하고, 동사의 과거분사는 문장 끝에 놓인다.

	(현재)	Ich **lerne** Deutsch.

(현재) Ich **lerne** Deutsch.

나는 독일어를 배운다.

(현재완료) Ich **habe** Deutsch **gelernt**.

나는 독일어를 배웠다.

- 두 번째 문장은 첫 번째 문장을 현재완료형으로 바꿔 쓴 것이다.
- 완료조동사 haben은 주어인 ich에 적합하게 인칭 변화를 하면서 문장의 두 번째에 위치해 있다.
- 동사 lernen은 과거분사형으로 바뀌어 문장 끝에 놓여 있다.

(4) 현재완료와 과거완료

현재완료형은 완료조동사를 현재형으로, 과거완료형은 완료조동사를 과거형으로 쓴다. 아래에서 현재완료 문장과 과거완료 문장을 비교해보자.

현재완료	과거완료
Ich **habe** Bier getrunken.	Ich **hatte** Bier getrunken.
Du **hast** Bier getrunken.	Du **hattest** Bier getrunken.
Er **hat** Bier getrunken.	Er **hatte** Bier getrunken.
Wir **haben** Bier getrunken.	Wir **hatten** Bier getrunken.
Ihr **habt** Bier getrunken.	Ihr **hattet** Bier getrunken.
Sie **haben** Bier getrunken.	Sie **hatten** Bier getrunken.
Ich **bin** nach Frankfurt gefahren.	Ich **war** nach Frankfurt gefahren.
Du **bist** nach Frankfurt gefahren.	Du **warst** nach Frankfurt gefahren.
Er **ist** nach Frankfurt gefahren.	Er **war** nach Frankfurt gefahren.
Wir **sind** nach Frankfurt gefahren.	Wir **waren** nach Frankfurt gefahren.
Ihr **seid** nach Frankfurt gefahren.	Ihr **wart** nach Frankfurt gefahren.
Sie **sind** nach Frankfurt gefahren.	Sie **waren** nach Frankfurt gefahren.

- 지난 일을 표현할 때 문어체에서는 과거형을, 구어체에서는 현재완료형을 주로 사용한다.

Ich ging gestern ins Konzert.

(문어체) 나는 어제 콘서트에 갔다.

Ich bin gestern ins Konzert gegangen.

(구어체) 나는 어제 콘서트에 갔다.

A. 괄호 안의 동사를 이용하여 현재완료형 문장을 만드시오.

1. Wir (fahren) nach Berlin.

   →

2. Ich (warten) auf meinen Freund.

   →

3. Er (kaufen) ein neues Auto.

   →

4. Du (lieben) mich.

   →

5. Wir (essen) Brot.

   →

6. Er (sprechen) gut Deutsch.

   →

7. Ich (lesen) eine Zeitschrift.

   →

B. 괄호 안의 동사를 이용하여 과거완료형 문장을 만드시오.

1. Wir (fahren) nach Berlin.

→

2. Er (werden) krank.

   →

3. Der Zug (ankommen) pünktlich.

   →

4. Er (einschlafen)

   →

5. Wohin (gehen) er?

   →

6. Woher (kommen) du?

   →

7. Wir (bleiben) zu Hause.

   →

Wortschatz

der Abend 저녁, begegnen 만나다, bleiben 남다, das Brot 빵, China 중국,
damals 그 당시에, der Dichter 시인, einschlafen 잠들다, essen 먹다,
folgen 따르다, der Freund 친구, gelingen 이루어지다, gestern 어제,
das Konzert 연주회, krank 아픈, laufen 달리다, lesen 읽다, lieben 사랑하다,
sprechen 말하다, sterben 죽다, die Straße 거리, verschwinden 사라지다,
wachsen 성장하다, warten 기다리다, werden 되다, die Zeitschrift 잡지,
zu Hause 집에, der Zug 기차

미래와 미래완료

[미래형]

• 미래에 일어날 행위와 상태를 표현한다.

• 미래조동사인 werden과 동사부정형을 조합으로 이루어진다.

• 미래조동사는 정동사 위치에 오고 동사부정형은 문장 끝에 놓인다.

• 기본 형태: 'werden ~ 동사부정형'

[미래완료형]

• 미래에 완료된 행위나 상태를 나타낸다.

• 미래조동사 werden과 완료부정형의 조합으로 이루어진다.

• 완료부정형은 '과거분사 +완료조동사' 순으로 문장 끝에 나온다.

• 기본 형태: 'werden ~ 과거분사+완료조동사'

(1) 미래형 : 'werden ~ 동사부정형'

• 미래형은 미래에 일어날 행위와 상태를 표현할 때 사용한다.

• 미래조동사인 werden과 동사부정형을 결합해 만든다.

• 평서문에서 미래조동사는 문장의 2번째에 오고, 동사부정형은 문장 끝에 위치한다.

Ich	werde	einen Wagen	kaufen	나는 자동차를 살 것이다.
Du	wirst	eine Tasche	kaufen	너는 가방을 살 것이다.
Er	wird	eine Jacke	kaufen	그는 외투를 살 것이다.
Wir	werden	einen Ball	kaufen	우리는 공을 살 것이다.
Ihr	werdet	ein Haus	kaufen	너희들은 집을 살 것이다.
Sie	werden	die Bücher	kaufen	그들은 책을 살 것이다.

- 현재시제 문장에 미래를 나타내는 어구를 사용하여 미래를 표현할 수 있다.

  Ich gehe morgen ins Kino. 나는 내일 영화를 보러 갈 것이다.

(2) 미래완료형 : 'werden ~ 과거분사 + haben/sein'

- 미래완료형은 미래에 완료된 행위나 상태를 나타낸다.
- 완료부정형이 미래조동사 werden과 결합하여 만들어진다.
- 문장 끝에 나오는 완료부정형은 '과거분사+완료조동사' 순으로 나열된다.

Ich	werde	einen Wagen	gekauft haben	나는 자동차를 샀었을 것이다.
		mit dem Bus	gefahren sein	나는 버스를 타고 갔었을 것이다.
Du	wirst	eine Tasche	gekauft haben	너는 가방을 샀었을 것이다.
		mit dem Bus	gefahren sein	너는 버스를 타고 갔었을 것이다.
Er	wird	eine Jacke	gekauft haben	그는 외투를 샀었을 것이다.
		mit dem Bus	gefahren sein	그는 버스를 타고 갔었을 것이다.
Wir	werden	einen Ball	gekauft haben	우리는 공을 샀었을 것이다.
		mit dem Bus	gefahren sein	우리는 버스를 타고 갔었을 것이다.
Ihr	werdet	ein Haus	gekauft haben	너희들은 집을 샀었을 것이다.
		mit dem Bus	gefahren sein	너희들은 버스를 타고갔었을 것이다.
Sie	werden	die Bücher	gekauft haben	그들은 책을 샀었을 것이다.
		mit dem Bus	gefahren sein	그들은 버스를 타고 갔었을 것이다.

현재	Ich **lerne** Deutsch.	Ich **fahre** nach Deutschland.
과거	Ich **lernte** Deutsch.	Ich **fuhr** nach Deutschland.
현재완료	Ich **habe** Deutsch **gelernt**.	Ich **bin** nach Deutschland **gefahren**.
과거완료	Ich **hatte** Deutsch **gelernt**.	Ich **war** nach Deutschland **gefahren**.
미래	Ich **werde** Deutsch **lernen**.	Ich **werde** nach Deutschland **fahren**.
미래완료	Ich **werde** Deutsch **gelernt haben**.	Ich **werde** nach Deutschland **gefahren sein**.

A. 아래 문장을 미래형으로 바꾸시오.

1. Ich lerne Deutsch.

  →

2. Wir nehmen ein Taxi.

  →

3. Er besucht seinen Freund.

  →

4. Wir gehen zum Konzert.

  →

5. Es regnet morgen.

  →

6. Wir fahren nach Hamburg.

  →

7. Er ruft dich an.

  →

B. 아래 문장을 미래완료형으로 바꾸시오.

1. Er kauft einen Wagen.

  →

2. Wir besuchen unseren Lehrer.

  →

3. Ich rufe meine Mutter an.

  →

4. Ich fahre nach München.

  →

5. Er bleibt in Berlin.

  →

접속사

🔍 Smart-Point

- 접속사는 문장과 문장, 어구와 어구를 연결해주는 기능을 한다.
- 독일어에서 접속사는 병렬접속사, 종속접속사, 부사적 접속사가 있다.
- 접속사의 특성에 따라 동사의 위치가 달라진다.

(1) 병렬접속사

- 병렬접속사는 문장과 문장 또는 어구와 어구를 대등한 관계로 연결해 준다.
- 이때 접속사 바로 뒤에 문장이 나오면 동사는 문장의 2번째(평서문 어순)에 위치한다.
- '접속사+주어+정동사+목적어'와 같은 어순을 유지한다.

und(그리고), aber(그러나), oder(또는), denn(왜냐하면)

① und(그리고)

Du **und** ich müssen heute früh aufstehen.

너와 나는 오늘 일찍 일어나야 한다.

Der Lehrer lehrt Deutsch, **und** die Schüler lernen Deutsch.

선생님은 독일어를 가르친다. 그리고 학생들은 독일어를 배운다.

② aber(그러나)

Er arbeitet fleißig, **aber** er verdient nicht viel.

그는 열심히 일한다. 하지만 그는 돈을 많이 벌지 못한다.

③ oder(또는, 그렇지 않으면)

Wir müssen heute **oder** morgen zum Arzt.

우리는 오늘이나 내일 병원에 가야만 한다.

Lerne fleißig, **oder** du kannst die Prüfung nicht bestehen.

열심히 공부해라. 그렇지 않으면 너는 시험에 합격할 수 없을 것이다.

☞ 명령문 다음에 oder가 오면 '그렇지 않으면'으로 이해한다.

④ denn(왜냐하면)

Ich möchte jetzt spazieren gehen, **denn** das Wetter ist schön.

나는 지금 산책하러 가고 싶다. 왜냐하면 날씨가 좋기 때문이다.

> 💡 **Smart-Tipps** : 나열구조에서 und와 oder 사용
> • 1개 이상의 단어가 나열된 구조에서 und 또는 oder를 사용할 때에는 und와 oder는 마지막 단어 앞에 놓인다.
> 예) Ich spreche Koreanisch, Englisch und Deutsch.

(2) 종속접속사

- 문장에는 주문장과 부문장(종속문장)이 있다.
- 종속접속사는 주문장에 부문장을 접속하는 기능을 한다.
- 종속접속사는 종속문장의 첫 부분에 나오며, 종속문장의 정동사는 문

장 끝에 놓인다.

- '주문장, 접속사+주어+목적어+정동사' 와 같은 어순을 유지한다.

- 이때 동사부분이 1개 이상으로 구성되면 정동사가 끝에 나오고, 나머지 부분은 정동사 앞에 위치한다. (☞ ... dass er mich angerufen hat)

- 종속문장이 주문장 앞에 나올 때는 주문장의 정동사가 종속문장 바로 다음에 위치한다.(☞ 종속접속사 bevor 예문 참고)

- 대부분의 접속사는 종속접속사에 속한다.

bevor(~하기 전에), bis(~할 때까지), damit(~하기 위하여), dass(~라는 것),
nachdem(~한 후에), ob(~인지 어떤지), obwohl(~에도 불구하고),
während(~하는 동안에), weil(~때문에), wenn(~이라면)

① bevor(~하기 전에)

Bevor ich ins Kino **gehe**, muss ich meinen Freund anrufen.

내가 영화보러 가기 전에 내 친구한테 전화를 해야 한다.

② bis(~할 때까지)

Wir wollen auf dich warten, **bis** du wieder **kommst**.

우리는 네가 다시 올 때까지 너를 기다리겠다.

③ damit(~하기 위하여)

Ich lerne Deutsch, **damit** ich in Deutschland **studiere**.

나는 독일에서 공부하기 위해 독일어를 공부한다.

④ dass(~라는 것)

Ich hoffe, dass du wieder kommst.

나는 네가 다시 오기를 바란다.

⑤ nachdem(~한 후에)

Nachdem ich die Prüfung bestanden hatte, fuhr ich nach Berlin.

내가 시험에 합격한 후에 베를린으로 갔다.

☞ 종속문장의 시제(과거완료)가 주문장의 시제(과거)보다 앞선다.

⑥ ob(~인지 어떤지)

Ich weiss nicht, ob er jetzt zu Hause ist.

나는 그가 지금 집에 있는지 모르겠다.

⑦ obwohl(~에도 불구하고)

Die Kinder spielen Fußball, obwohl es stark regnet.

아이들은 비가 많이 옴에도 불구하고 축구를 하고 있다.

⑧ während(~하는 동안에)

Ich lese die Zeitung, während er schläft.

나는 그가 자는 동안에 신문을 읽는다.

⑨ weil(~때문에)

Sie bleibt zu Hause, weil sie krank ist.

그녀는 아프기 때문에 집에 머무르고 있다.

⑩ wenn(~이라면)

Wenn das wahr **ist**, müssen wir etwas tun.

만약 그것이 사실이라면 우리는 무언가를 해야만 한다.

(3) 부사적 접속사

- 부사적 접속사는 두 문장을 연결하면서 부사의 기능을 한다.
- 문장 앞에 위치하는 경우에는 바로 이어서 정동사가 나온다.
- 문장 중간에 놓일 경우에는 어순에 영향을 주지 않는다.

daher(그 때문에), dann(그러면), deshalb(그 때문에)
deswegen(그 때문에), sonst(그렇지 않으면)

① daher(그 때문에)

Es schneit stark. **Daher** kommen nicht viele Leute zum Konzert.

눈이 많이 온다. 그 때문에 사람들이 콘서트에 많이 오지 않는다.

② dann(그러면)

Er spricht vielleicht Deutsch. **Dann** können wir ihn fragen.

그가 혹시 독일어를 할지도 모르겠다. 그러면 우리는 그에게 물어볼 수 있을 것이다.

③ deshalb(그 때문에)

Er verdient nicht viel Geld. **Deshalb** kann er keinen Urlaub machen.

그는 돈을 많이 벌지 못한다. 그 때문에 그는 휴가를 갈 수 없다.

④ deswegen(그 때문에)

Am Wochenende macht er Urlaub. **Deswegen** ist er guter Laune.

주말에 그는 휴가를 떠난다. 그 때문에 그는 기분이 좋다.

⑤ sonst(그렇지 않으면)

Tu es jetzt. **Sonst** ist es zu spät.

지금 그것을 해라. 그렇지 않으면 너무 늦다.

(4) 복합접속사

복합접속사는 1개 이상의 단어를 결합하여 문장이나 어구를 접속한다.

> nicht A sondern B (A가 아니라 B),
> nicht nur A sondern auch B (A뿐만 아니라 B도)
> entweder A oder B (A이거나 혹은 B),
> weder A noch B (A도 B도 ~이 아니다)
> sowohl A als auch B (A도 B도 ~이다)

① nicht A sondern B (A가 아니라 B)

Sie kommt **nicht** zu dir, **sondern** du mußt zu ihr gehen.

그녀가 너한테 올 것이 아니라 네가 그녀에게 가야만 한다.

② nicht nur A sondern auch B (A뿐만 아니라 B도)

Er kann **nicht nur** Fußball spielen, **sondern** auch gut schwimmen.

그는 축구를 할 줄 알 뿐만 아니라 수영도 잘 한다.

③ entweder A oder B (A 또는 B)

Am Wochenende bleibt er entweder zu Hause, oder er spielt Tennis.

주말에 그는 집에 있거나 테니스를 친다.

④ weder A noch B (A도 B도 아니다)

Sie spricht weder Spanisch noch Japanisch.

그녀는 스페인어도 일본어도 못한다.

⑤ sowohl A als auch B (A도 B도 둘 다)

Sie spricht sowohl Chinesisch als auch Englisch.

그녀는 중국어도 하고 영어도 한다.

A. 다음 문장을 괄호 안의 접속사로 연결하시오.

Er hat heute Zeit. (wenn)

Er kann ins Kino gehen.

→ Wenn er heute Zeit hat, kann er ins Kino gehen.

1. Das Wetter ist schön. (wenn)

Ich gehe gern spazieren.

→

2. Du gehst ins Bett. (bevor)

Du musst das Fenster zumachen.

→

3. Er ist reich. (obwohl)

Er ist geizig.

→

B. 아래 문장을 우리말로 옮기시오.

1. Ich gehe nicht spazieren, weil es heute regnet.

→

2. Er kann sowohl Tennis als auch Fußball spielen.

→

3. Ich trinke nicht Bier sondern immer Wein.

→

4. Er fährt schnell, denn er muss pünktlich ankommen.

→

Wortschatz

anrufen 전화하다, auch 또한, aufstehen 일어나다, bestehen 합격하다,

das Chinesisch 중국어, das Englisch 영어, etwas 어떤 것, fragen 질문하다,

der Fußball 축구, geizig 인색한, heute 오늘, hoffen 희망하다, immer 항상,

das Japanisch 일본어, jetzt 지금, das Koreanisch 한국어, krank 아픈,

die Laune 기분, lehren 가르치다, die Leute 사람들(항상 복수형),

die Prüfung 시험, pünktlich 정확히, reich 부유한, schlafen 자다,

schneien 눈이 내리다, schwimmen 수영하다, das Spanisch 스페인어,

spät 늦은, spazieren gehen 산책하러 가다, spielen 놀이하다, stark 강하게,

das Tennis 테니스, tun 하다, der Urlaub 휴가, verdienen 벌다, viel 많은,

vielleicht 혹시, wahr 진실한, das Wetter 날씨, wieder 다시,

das Wochenende 주말, die Zeitung 신문, zu 너무

Lektion 24	수동태

Smart-Point

• 수동태는 수동조동사 werden과 과거분사의 조합으로 만들어진다.

werden+과거분사(동작 수동)—werden geliebt

sein+과거분사(상태 수동)–sein geöffnet

(1) 수동문 만드는 방법—타동사의 수동

• 능동문의 동사는 'werden+과거분사'로 바뀌며, werden은 수동문 주어의 인칭에 따라 어미 변화를 한다.

• 능동문의 4격 목적어가 수동문의 주어가 된다. 즉 4격 명사구가 1격 명사구로 바뀐다.

• 능동문의 주어는 수동문에서 전치사 von과 결합한다. 즉 'von+3격 명사' 구조가 된다.

• 수동문의 시제는 능동문과 일치해야 한다.

(능동문) [Der Vater] lobt [den Sohn].

(수동문) [Der Sohn]② wird① [von dem Vater]③ gelobt.

• 능동문의 주어는 수동문에서 재료나 도구일 경우에는 'mit+3격 명사'로, 원인이나 수단일 경우에는 'durch+4격 명사'로 바뀐다.

Der Schnee bedeckte den Berg.

눈이 산을 덮었다.

→ Der Berg wurde **mit dem Schnee** bedeckt.

산이 눈으로 덮혔다.

Der Taifun zerstört die Stadt.

태풍이 도시를 파괴한다.

→ Die Stadt wird **durch den Taifun** zerstört.

도시는 태풍으로 파괴된다.

• 능동문의 주어가 man일 경우, 수동문에서 'von+3격명사'를 생략한다.

Man ändert nichts.

아무것도 못 바꾼다.

→ **Nichts wird geändert.**

아무것도 바뀌지 않는다.

(2) 수동문 만드는 방법 – 자동사의 수동

• 일부 자동사도 수동문으로 전환될 수 있다. 자동사에는 4격 목적어가 없기 때문에 수동문은 주어가 없는 문장이 된다. 이때 문두에 비인칭 주어인 es를 넣는다. es는 문장의 첫 부분에 다른 문장 성분이 나오면 생략한다.

Er hilft mir.

→ Es wird mir von ihm geholfen.

→ Mir wird von ihm geholfen.

- 능동문에서 man이 주어일 경우에는 수동문에서 'von+3격명사'를 생략한다.

Man tanzt heute Abend.

→ Es wird heute Abend getanzt.

→ Heute Abend wird getanzt.

(3) 상태 수동

- 상태 수동은 '타동사의 과거분사+sein' 형태로 동작이 완료된 상태를 나타낸다.

Das Fenster **ist geöffnet**.

창문이 열려 있다.

Die Tür **ist geschlossen**.

문이 닫혀 있다.

Das Problem **ist gelöst**.

그 문제는 해결되었다.

💡 Smart-Tipps : 상태 수동과 동작 수동의 차이

- Das Fenster ist geöffnet.　　　　vs.　　　　Das Fenster wird geöffnet.

　창문이 열려 있다(**상태 수동**)　　　　　　　　창문이 열리고 있다(**동작 수동**)

(4) 수동의 시제

- 수동문도 능동문과 마찬가지로 6가지 시제로 표현된다.

현재	능동문	Die Mutter liebt das Kind.
	수동문	Das Kind wird von der Mutter geliebt.
과거	능동문	Die Mutter liebte das Kind.
	수동문	Das Kind wurde von der Mutter geliebt.
현재완료	능동문	Die Mutter hat das Kind geliebt.
	수동문	Das Kind ist von der Mutter geliebt worden.
과거완료	능동문	Die Mutter hatte das Kind geliebt.
	수동문	Das Kind war von der Mutter geliebt worden.
미래	능동문	Die Mutter wird das Kind lieben.
	수동문	Das Kind wird von der Mutter geliebt werden.
미래완료	능동문	Die Mutter wird das Kind geliebt haben.
	수동문	Das Kind wird von der Mutter geliebt worden sein.

- 수동의 과거형은 werden을 과거형으로 바꿔서 만든다.
- 수동의 완료형은 werden을 완료형(geworden sein)으로 바꿔서 만든다.
- werden의 과거분사는 geworden이지만 수동문에서는 ge를 생략한 worden을 쓴다.
- 초급 수준에서는 현재와 과거형을 주로 사용한다.

✎ Übung macht den Meister

A. 아래 문장을 수동형 문장(타동사의 수동)으로 바꾸시오.

1. Das Kind besucht die Tante.

   →

2. Er schreibt einen Brief.

   →

3. Er baut ein Haus.

   →

4. Der Student macht das Fenster auf.

   →

5. Der Sturm zerstört das Dorf.

   →

6. Die Wolken bedecken den Himmel.

   →

B. 아래 문장을 수동형 문장(자동사의 수동)으로 바꾸시오.

1. Die Frau hilft dem Kind.

   →

2. Wir tanzen im Saal.

   →

C. 아래 문장(일반적인 주어)을 수동형 문장으로 바꾸시오.

1. In Deutschland spricht man Deutsch.

   →

2. Man singt auf dem Oktoberfest.

   →

D. 아래 문장을 우리말로 옮기시오.

1. Die Tür wird jetzt aufgemacht.

   →

2. Die Tür ist jetzt aufgemacht.

   →

📖 Wortschatz

ändern 바꾸다, aufmachen 열다, bedecken 덮다, der Berg 산, der Brief 편지,
das Dorf 마을, der Himmel 하늘, lösen 해결하다, öffnen 열다,
das Oktoberfest 옥토버페스트(독일 맥주축제), das Problem 문제,
der Saal 강당, schließen 닫다, der Schnee 눈, schreiben 쓰다, der Sohn 아들,
der Sturm 폭풍, der Taifun 태풍, tanzen 춤추다, die Tür 문, die Wolke 구름,
zerstören 파괴하다,

| Lektion 25 | 관계대명사 |

Smart-Point

- 관계대명사는 서로 다른 2개의 문장을 하나의 복합문장으로 연결해주는 대명사이다.
- der, die, das로 표현되는 관계대명사와 wer, was로 표현되는 관계대명사가 있다.
- der형 관계대명사가 이끄는 관계문은 보통 주문장 안이나 뒤에 위치한다. 관계대명사의 성과 수는 선행사와 일치해야 하고, 격은 관계문 내에서 결정된다.
- wer형 관계대명사가 이끄는 관계문은 보통 주문장 앞에 위치한다. 선행사가 없기 때문에 관계대명사의 성과 수는 표현되지 않으며 격은 관계문 내에서 결정된다.

(1) 관계대명사 der, die, das, die

① 관계대명사 der, die, das, die의 격 변화

관계대명사는 수식하는 것과 수식받는 것의 관계가 정해진 경우에 사용된다. 관계대명사의 형태는 정관사와 유사하다. 단수 2격과 복수 2격과 3격에서만 정관사와 다르다.

수	단수			복수
성 격	남성	여성	중성	남성 · 여성 · 중성
1	der	die	das	die
2	dessen	deren	dessen	deren
3	dem	der	dem	denen
4	den	die	das	die

② 관계문 만드는 방법

성과 수는 선행사와 일치, 격은 관계문 내에서 결정

- 관계대명사는 2개의 문장을 하나의 복합문장으로 연결해주는 대명사이다.
- 관계대명사가 사용될 때 명사의 문법적 속성인 성·수·격은 그대로 드러난다.
- 성과 수는 선행사의 성과 수와 일치해야 한다.
- 격은 관계문 내에서 관계대명사의 문법적 역할에 따라 결정된다.
- 관계대명사 앞에 콤마를 찍고, 관계문의 정동사는 문장 끝에 놓는다.

Das ist ein Fußballspieler.

이 사람은 축구선수다.

Er wohnt in München.

그는 뮌헨에 살고 있다.

이 두 문장을 관계대명사를 이용하여 하나의 문장으로 합하면 아래와 같은 문장이 된다.

Das ist ein Fußballspieler, der in München **wohnt**.

이 사람은 뮌헨에 살고 있는 축구선수이다.

- 위의 문장에서 관계대명사 der는 남성 단수 1격을 나타낸다.
- 성과 수가 남성 단수인 것은 선행사인 ein Fußballspieler의 성과 수가 남성 단수이기 때문이다.
- 격이 1격이 된 것은 관계문 안에서 관계대명사가 주어 기능을 하기 때

문이다.

- 관계대명사 바로 앞에는 콤마가 찍히며, 관계문의 정동사인 wohnt는 마지막에 놓인다.

다음에서 관계대명사의 다양한 쓰임을 알아보자.

Das ist ein Schauspieler, **der** aus Hamburg **kommt**.

(남성 단수 1격) 이 사람은 함부르크 출신의 연극배우다.

Das ist ein Schauspieler, **dessen** Vater ein Koch **ist**.

(남성 단수 2격) 이 사람은 아버지가 요리사인 연극배우다.

Das ist ein Schauspieler, **dem** ich eine Postkarte gesendet **habe**.

(남성 단수 3격) 이 사람은 내가 엽서를 보냈던 연극배우다.

Das ist ein Schauspieler, **den** ich gestern getroffen **habe**.

(남성 단수 4격) 이 사람은 내가 어제 만났던 연극배우다.

선행사의 위치에 따라 관계문이 주문장 안에 위치할 수도 있다.

Die Tasche, **die auf dem Tisch liegt**, ist rot.

책상 위에 놓여 있는 가방은 빨강색이다.

③ 전치사와 함께 쓰이는 관계대명사

- 관계대명사가 전치사의 보족어로 쓰일 경우, 전치사는 반드시 관계대명사 앞에 놓는다.
- 관계대명사의 격은 전치사에 의해 결정된다. (아래 문장의 auf die에서 관계대명사 die의 격은 4격)

- 성과 수는 선행사와 일치한다. (아래 문장의 auf die에서 관계대명사 die 의 성과 수는 여성 단수)

Eine Studentin, auf die ich jetzt warte, spricht sehr gut Französisch.

(여성 단수 4격) 내가 지금 기다리고 있는 여대생은 프랑스어를 아주 잘 한다.

(2) 관계대명사 wer, was

① 관계대명사 wer, was의 격 변화

wer형 관계대명사는 특정한 선행사를 갖지 않는다. 사람을 나타내는 wer 와 사물을 나타내는 was가 있다. wer는 '~하는 사람', was는 '~하는 것'을 뜻하며 격 변화는 의문대명사와 동일하다(단, wer의 2격만 제외).

격	사람	사물
1	wer	was
2	wessen	-
3	wem	-
4	wen	was

② 관계대명사와 관계문

- 관계대명사가 이끄는 관계문은 보통 주문장 앞에 위치한다.
- 관계대명사의 격은 관계문 내에서 결정된다.
- 관계문의 정동사는 문장 끝에 나온다.

Wer zu mir **kommt**, ist mein Lehrer.

나한테 오는 사람은 나의 선생님이다.

Wem ich **helfe**, wohnt in Köln.

내가 돕는 사람은 쾰른에 살고 있다.

Wen er **liebt**, ist sehr groß.

그가 사랑하는 사람은 키가 아주 크다.

Was neu **ist**, ist nicht immer gut.

새로운 것이 항상 좋은 것은 아니다.

Was ich kaufen **möchte**, ist sehr teuer.

내가 사고 싶은 것은 아주 비싸다.

✏ Übung macht den Meister

A. 다음을 우리말로 옮기시오.

1. Der Student, der aus Berlin kommt, wohnt im Studentenwohnheim.

   →

2. Wer mir hilft, ist mein Freund.

   →

B. 아래 관계문에서 틀린 곳을 찾아서 올바로 고쳐 쓰시오.

1. Er sucht einen Freund, der kommt aus Deutschland.

   →

2. Ich kaufe einen Schrank, die in der Küche liegt.

   →

C. 아래 두 문장을 하나의 관계문으로 만드시오.

1. Das ist ein Wagen. Er hat gestern einen Wagen gekauft.

   →

2. Die Tasche ist teuer. Sie liegt auf dem Stuhl.

   →

D. 빈칸에 알맞은 **der**형 관계대명사를 넣으시오.

1. Ich kenne ein Kind, _____ mir geholfen hat.

2. Der Student, _____ aus Berlin kommt, wohnt im Studentenwohnheim.

3. Das ist die Frau, _____ ich eine Blume geschenkt habe.

E. 빈칸에 알맞은 **wer**형 관계대명사를 넣으시오.

1. _____ ich heute treffe, kommt aus Deutschland.

2. _____ ich gelesen habe, war sehr interessant.

Wortschatz

die Blume 꽃, das Deutschland 독일, das Französisch 프랑스어,

der Fußballspieler 축구선수, gesendet(senden의 과거분사형) 보내다, groß 큰,

interessant 흥미로운, der Koch 요리사, die Küche 부엌, liegen 놓여 있다,

die Postkarte 엽서, rot 빨강색의, der Schauspieler 배우, schenken 선물하다,

der Schrank 수납장, sehr 아주, senden 보내다, das Studentenwohnheim 학생 기숙사,

die Studentin 여대생, der Stuhl 의자, teuer 비싼, der Wagen 자동차

Lektion 26

zu 부정사

Smart-Point

- 동사의 부정형 앞에 zu가 있는 구문을 zu 부정사라고 한다.
- 영어의 to 부정사에 해당하는 구문이다.
- 독일어와 영어 표현에서 어순의 차이가 나타난다.

영어	to study German	to study German hard
독일어	Deutsch zu lernen	fleißig Deutsch zu lernen

- zu 부정사구는 '~하는 것(일)'의 뜻을 갖는다.
- zu 부정사구는 주어, 술어, 목적어, 부가어로 쓰일 수 있다.

(1) zu의 위치

부정사	zu lernen 배우는 것
분리동사	aufzustehen 일어나는 것
부정사구	Deutsch zu lernen 독일어를 배우는 것
완료 부정사구	Deutsch gelernt zu haben 독일어를 배웠던 것

- zu 부정사는 영어의 to 부정사에 해당하는 구문이다.
- zu는 동사부정형 앞에 위치한다.
- 분리동사에서만 전철과 기본동사 사이에 zu가 놓인다.
- 동사에 속하는 단어들은 zu 부정사 앞에 놓인다. (Deutsch zu lernen)

(2) zu 부정사의 용법

① 주어

Starken Kaffee zu trinken schadet der Gesundheit.

진한 커피를 마시는 것은 건강에 해롭다.

Früh aufzustehen ist schwer.

일찍 일어나는 것은 어렵다.

💡 **Smart-Tipps** : zu 부정사구와 가주어 es

• 가주어 es를 이용하여 zu 부정사구를 문장 끝으로 옮겨 사용하기도 한다.

Starken Kaffee zu trinken schadet der Gesundheit.

→**Es** schadet der Gesundheit, **starken Kaffee zu trinken.**

Früh aufzustehen ist schwer.

→**Es** ist schwer, **früh aufzustehen.**

---

② 술어

Mein Hobby ist, **Fußball zu spielen**.

내 취미는 축구를 하는 것이다.

Seine Hoffnung ist, **ein Schauspieler zu werden**.

그의 희망은 배우가 되는 것이다.

③ 목적어

Ich hoffe, **dich bald wiederzusehen**.

나는 너를 곧 다시 보기를 바란다.

Er hat versucht, **sein Kind zu beruhigen**.

그는 그의 아이를 안정시키려고 시도했다.

④ 부가어

Ich habe **keine Lust zu lernen**.

나는 공부할 기분이 아니다.

Ich habe **keine Zeit zu spielen**.

나는 놀 시간이 없다.

Ich bin **bereit, dir zu helfen**.

나는 너를 도와줄 준비가 되어 있다.

- zu 부정사가 바로 앞에 나오는 명사(Lust, Zeit)나 형용사(bereit)를 수식한다.
- zu 부정사 앞에 목적어 등과 같은 다른 문장 성분이 나오면 zu 부정사 구 앞에 콤마를 찍고, 아무 것도 나오지 않으면 콤마를 찍지 않는다.

⑤ 전치사와 결합

- um ~ zu 부정사 (~하기 위하여)

Er will nach Deutschland fahren, um Deutsch zu lernen.

그는 독일어를 배우기 위해서 독일에 가려고 한다.

- ohne ~ zu 부정사 (~하지 않고)

Er ging aus, ohne ein Wort zu sagen.

그는 한마디 말도 없이 나갔다.

- statt ~ zu 부정사 (~하는 대신에)

Ich lese eine Zeitung, statt Musik zu hören.

나는 음악을 듣는 대신에 신문을 읽는다.

A. 우리말로 옮기시오.

1. Ich bin bereit, nach Europa zu fahren.

   →

2. Fußball zu spielen macht Spaß.

   →

3. Ich habe versucht, laut zu sprechen.

   →

4. Ich habe keine Lust, ins Kino zu gehen.

   →

5. Ich habe keine Zeit, zum Konzert zu gehen.

   →

B. 다음 단어를 이용하여 **zu** 부정사구를 만드시오.

  lesen, eine Zeitung → eine Zeitung zu lesen

1. sprechen, Deutsch

   →

2. nach Berlin, fahren

   →

3. morgens, früh, aufstehen

   →

4. ein Buch, dem Kind, geben

   →

Lektion 27 접속법

Smart-Point

- 접속법은 직설법과 대비되는 것으로 간접 화법, 기원, 원망, 가정 등을 표현할 때 사용한다.
- 접속법에는 1식과 2식이 있다.

(1) 접속법의 동사 인칭 변화

① 접속법 1식

접속법 1식은 규칙적인 동사나 불규칙적인 동사에 상관없이 아래와 같이 동사 어간에 접속법 인칭 어미를 붙여서 만든다.

	어미	machen	sehen	fahren	haben	werden	sein
ich	-e	mache	sehe	fahre	habe	werde	sei
du	-est	machest	sehest	fahrest	habest	werdest	seiest
er	-e	mache	sehe	fahre	habe	werde	sei
wir	-en	machen	sehen	fahren	haben	werden	seien
ihr	-et	machet	sehet	fahret	habet	werdet	seiet
sie	-en	machen	sehen	fahren	haben	werden	seien

☞ 단, sein 동사만 단수 1, 3인칭에서 –e가 붙지 않는다.

② 접속법 2식

접속법 2식은 직설법 과거형을 토대로 만든다. 규칙동사(예: machen)와 불규칙동사(예: sehen, fahren)는 변화가 다르다. 규칙동사의 접속법 2식 형태는 직설법의 과거형과 동일하다. 불규칙동사에서는 a, o, u는 움라우트(ä, ö, ü)로 바뀐다.

	어미	sah	fuhr	machte	war	hatte	wurde
ich	-e	sähe	führe	machte	wäre	hätte	würde
du	-est	sähest	führest	machtest	wärest	hättest	würdest
er	-e	sähe	führe	machte	wäre	hätte	würde
wir	-en	sähen	führen	machten	wären	hätten	würden
ihr	-et	sähet	führet	machtet	wäret	hättet	würdet
sie	-en	sähen	führen	machten	wären	hätten	würden

☞ 직설법 과거형이 –e로 끝나는 것에는 접속법 2식 어미의 –e를 생략한다.

(2) 접속법의 용법

접속법은 다양한 쓰임새를 가지는데, 아래에서는 간접 화법과 비현실 화법에서의 쓰임을 살펴보겠다.

① 간접 화법

간접 화법은 어떠한 내용을 간접적으로 소개하는 것을 일컬으며, 접속법 1식이 쓰인다. 다만 동사의 형태가 직설법 현재와 동일한 경우에는 접속법 2식을 쓴다.

Sie sagte, dass er müde sei.

Sie sagte, er sei müde.

그녀는 그가 피곤하다고 말했다.

☞ 접속사 dass가 있으면 동사가 문장 끝에 놓이고, 생략하면 부분장의 2번째에 나온다.

Sie sagte, dass ich keinen Mut hätte.

Sie sagte, ich hätte keinen Mut.

그녀는 내가 용기가 없다고 말했다.

☞ 원래 접속법 1식의 동사 형태는 habe가 되는데, 이것은 직설법 현재형
과 같아서 접속법이 사용되고 있다는 것을 알 수 없기 때문에 접속법 2
식 동사 형태 hätte로 바꾸어 쓴다.

② 비현실 화법

비현실 화법은 '만일 ~이라면 ~일 텐데'와 같이 사실과 반대되는 상황을
서술하는 것이다.

Wenn ich Zeit **hätte, ginge** ich ins Kino.

내가 시간이 있다면 나는 영화를 보러 갈 텐데.

주문장의 접속법 2식 동사를 'würde+동사부정형'으로 바꾸어 쓰기도 한
다. 특히 접속법 형태가 직설법 과거와 동일할 경우에 이 형식을 자주 사용
한다.

Wenn ich Zeit hätte, würde ich ins Kino gehen.

내가 시간이 있다면 나는 영화를 보러 갈 텐데.

③ 예의 화법

공손한 부탁이나 겸손한 주장 등을 표현할 때 möchten, würden,
könnten, hätten 등을 사용한다.

Ich **möchte** gern noch einen Kaffee.

나는 커피를 한 잔 더 하고 싶습니다.

Würden Sie bitte das Fenster zumachen?

(죄송합니다만) 창문 좀 닫아주실 수 있습니까?

Könnten Sie bitte das Fenster zumachen?

(죄송합니다만) 창문 좀 닫아주실 수 있습니까?

Ich **hätte** gern noch eine Frage.

제가 질문이 있습니다만.

A. 빈칸에 알맞은 동사형(접속법 1식)을 넣고 우리말로 옮기시오.

1. Er sagte, dass er mit seinem Bruder _____. (kommen)

   →

2. Sie sagte zu ihm, dass sein Vater krank _____. (sein)

   →

3. Er sagte, dass er nach Berlin _____. (fahren)

   →

B. 빈칸에 알맞은 동사형(접속법 2식)을 넣고 우리말로 옮기시오.

1. Wenn das Wetter schön wäre, _____ ich Fahrrad fahren. (werden)

   →

2. Wenn er nicht krank wäre, _____ er Tennis spielen. (können)

   →

3. Wenn ich ein Vogel wäre, _____ ich zu dir hin. (fliegen)

   →

Wortschatz

der Bruder 남자 형제, das Fahrrad 자전거, das Fenster 창문, fliegen 날아가다,
die Frage 질문, machen 하다, müde 피곤한, der Mut 용기, schön 아름다운,
das Tennis 테니스, der Vogel 새, zumachen 닫다

Partie 02

Anhang

Übung macht den Meister 해답

A. 1. eins → 1, 2. drei → 3, 3. sieben → 7, 4. neunzehn → 19, 5. zweiundzwanzig
→ 22, 6. achtzig → 80, 7. hundert → 100, 8. tausend → 1000, 9. zehntausend
→ 10000

B.

2	zwei	24	vierundzwanzig
5	fünf	30	dreißig
11	elf	40	vierzig
12	zwölf	50	fünfzig
14	vierzehn	80	achtzig
21	einundzwanzig	90	neunzig

C. 1. sechszehn (16) → sechzehn

2. siebenzehn (17) → siebzehn

3. sechszig (60) → sechzig

4. siebenzig (70) → siebzig

5. zweizig (20) → zwanzig

6. einsundachtzig (81) → einundachtzig

7. siebundneunzig (97) → siebenundneunzig

8. dreizig (30) → dreißig

9. sechundzwanzig (26) → sechsundzwanzig

A. 1. Ich komme. → 내가 온다.

2. Du kommst. → 네가 온다.

3. Er kommt. → 그가 온다.

4. Wir kommen. → 우리가 온다.

5. Ihr kommt. → 너희들이 온다.

B. 1. lernen (*lern*)-(*en*)

2. trinken (*trink*)-(*en*)

3. wohnen (*wohn*)-(*en*)

C. 1. Ich lerne Deutsch. 나는 독일어를 배운다.

2. Du trinkst Wasser. 너는 물을 마신다.

3. Er wohnt in Berlin. 그는 베를린에 산다.

4. Wir lernen Englisch. 우리는 영어를 배운다.

5. Ihr trinkt Bier. 너희들은 맥주를 마신다.

6. Sie wohnen in Frankfurt.(복수 3인칭) 그들은 프랑크푸르트에 산다.

Lektion 03

A. 1. Du bist klein. → 너는 키가 작다.

2. Wir sind müde. → 우리는 피곤하다.

3. Sie hat Geld. → 그녀는 돈이 있다.

4. Ich habe Hunger. → 나는 배가 고프다.

5. Er hat Angst. → 그는 걱정이 있다.

B. 1. Ich bin Lehrer. 나는 교사다.

2. Du bist Studentin. 너는 여대생이다.

3. Er ist klein. 그는 키가 작다.

4. Wir sind gesund. 우리는 건강하다.

5. Ihr seid müde. 너희들은 피곤하다.

6. Sie sind freundlich. (복수3인칭) 그들은 친절하다.

C. 1. Ich habe Durst. 나는 갈증이 난다.

2. Du hast Mut. 너는 용기가 있다.

3. Er hat Hunger. 그는 배가 고프다.

4. Wir haben Angst. 우리는 걱정이 있다.

5. Ihr habt Geld. 너희들은 돈이 있다.

6. Sie haben Angst. (복수3인칭) 그들은 걱정이 있다.

Lektion 04

A. 1. das Kind(중성)

2. die Wand(여성)

3. der Hund(남성)

4. der Löffel(남성)

5. die Gabel(여성)

6. das Messer(중성)

B. 1. der Vater → er

2. die Mutter → sie

3. das Kind → es

4. der Brief → er

5. die Freiheit → sie

6. das Wasser → es

7. der Tisch → er

C. 1. Der lehrer kauft das buch. 선생님은 책을 사신다.

→ Der Lehrer kauft das Buch.

2. Der schüler hat den löffel. 학생은 숟가락이 있다.

→ Der Schüler hat den Löffel.

3. Der student trinkt wasser. 대학생은 물을 마신다.

→ Der Student trinkt Wasser.

A. 1. Der Mann kauft eine Zeitung. → 그 남자는 신문 하나를 산다.

2. Die Frau liebt einen Mann. → 그 여자는 한 남자를 사랑한다.

3. Der Lehrer lobt den Schüler. → 그 선생님은 그 학생을 칭찬한다.

4. Die Frau sucht eine Tasche. → 그 여자는 가방 하나를 찾는다.

5. Ich esse einen Apfel. → 나는 사과 한 개를 먹는다.

6. Wir schenken dem Kind ein Buch. → 우리는 아이에게 책 한 권을 선물한다.

7. Sie winkt einer Freundin. → 그녀는 친구에게 신호를 보낸다.

B.

격＼성	남성	여성	중성
1격	der Mann	die Frau	das Kind
2격	des Mannes	der Frau	des Kindes
3격	dem Mann	der Frau	dem Kind
4격	den Mann	die Frau	das Kind

격＼성	남성	여성	중성
1격	ein Mann	eine Frau	ein Kind
2격	eines Mannes	einer Frau	eines Kindes
3격	einem Mann	einer Frau	einem Kind
4격	einen Mann	eine Frau	ein Kind

C. 1. Er kauft eine Zeitung. (여성 4격) 그는 신문 하나를 산다.

Die Zeitung kostet 1,50 Euro. (여성 1격) 그 신문은 1유로 50센트다.

2. Sie liebt einen Mann. (남성 4격) 그녀는 한 남자를 사랑한다.

Der Mann kommt aus Korea. (남성 1격) 그 남자는 한국 출신이다.

3. Ich suche ein Kind. (중성 4격) 나는 한 아이를 찾는다.

Das Kind ist klein. (중성 1격) 그 아이는 키가 작다.

A. 1. Er trinkt Bier. → 그가 맥주를 마신다.

  2. Trinkt er Bier? → 그가 맥주를 마시나요?

  3. Wer trinkt Bier? → 누가 맥주를 마시나요?

  4. Was trinkt er? → 그가 무엇을 마시나요?

  5. Wo trinkt er Bier? → 그가 어디서 맥주를 마시나요?

  6. Wann trinkt er Bier? → 그가 언제 맥주를 마시나요?

B. 1. Wen liebst du? 너는 누구를 사랑하니?

  2. Was kaufen Sie? 당신은 무엇을 삽니까?

  3. Wem helfen Sie? 당신은 누구에게 도움을 줍니까?

  4. Wohin geht er? 그는 어디로 갑니까?

  5. Warum weinst du? 너는 왜 우니?

  6. Wo wohnst du? 너는 어디에 사니?

  7. Wie ist dein Name? 네 이름이 어떻게 되니?

  8. Woher kommst du? 너는 어디서 오니?

C. 1. 그는 지금 신문을 읽고 있다. → Er liest jetzt eine Zeitung.

  2. 지금 그가 신문을 읽고 있다.(jetzt가 문두에 오는 문장) → Jetzt liest er eine Zeitung.

  3. 신문을 그가 지금 읽고 있다.(Zeitung이 문두에 오는 문장) → Eine Zeitung liest er jetzt.

  4. 그가 신문을 읽고 있나요? → Liest er eine Zeitung?

  5. 누가 신문을 읽고 있나요? → Wer liest eine Zeitung?

  6. 그가 무엇을 읽고 있나요? → Was liest er?

A. 1. Ist das Obst teuer? 과일이 비쌉니까?

- Ja, es ist teuer. (해석: 예, 그것은 비쌉니다.)

- Nein, es ist nicht teuer. (해석: 아니오, 그것은 비싸지 않습니다.)

2. Ist das Obst nicht teuer? 과일일 비싸지 않습니까?

- Nein, es ist nicht teuer. (해석: 예, 그것은 비싸지 않습니다.)

- Doch, es ist sehr teuer. (해석: 아니오, 그것은 비쌉니다.)

B. 1. Wir haben kein Geld. 우리는 돈이 없다.

2. Er ist nicht klein. 그는 키가 작지 않다.

3. Er liest keine Zeitung. 그는 신문을 읽지 않는다.

4. Die Kinder spielen keinen Fußball. 아이들은 축구를 하지 않는다.

5. Der Apfel ist nicht süß. 사과는 달지 않다.

6. Ich sehe nicht den Film. 나는 그 영화를 보지 않는다.

7. Er hilft mir nicht. 그는 나에게 도움을 주지 않는다.

8. Wir kaufen nicht das Auto. 우리는 그 자동차를 사지 않는다.

Lektion 08

A. 1. Er arbeitet fleißig. (arbeiten)

2. Du tanzt gern. (tanzen)

3. Du reist in die Schweiz. (reisen)

4. Er heißt Stefan. (heißen)

B. 1. Ich fahre nach Berlin. (er) 나는 베를린에 간다.

→ Er fährt nach Berlin. 그는 베를린에 간다.

2. Wir schlafen viel. (du) 우리는 잠을 많이 잔다.

→ Du schläfst viel. 너는 잠을 많이 잔다.

3. Ich gebe dir eine Blume. (er) 나는 너에게 꽃을 준다.

→ Er gibt dir eine Blume. 그는 너에게 꽃을 준다.

4. Die Frau hilft mir. (du) 그 여자는 나에게 도움을 준다.

→ Du hilfst mir. 너는 나에게 도움을 준다.

5. Wir lesen eine Zeitung. (er) 우리는 신문을 읽는다.

　→ Er liest eine Zeitung. 그는 신문을 읽는다.

6. Ich sehe sehr gern fern. (du) 나는 텔레비전 보기를 아주 좋아한다.

　→ Du siehst sehr gern fern. 너는 텔레비전 보기를 아주 좋아한다.

7. Ich nehme ein Taxi. (er) 나는 택시를 탄다.

　→ Er nimmt ein Taxi. 그는 택시를 탄다.

Lektion 09

A. 1. Iss nicht so schnell! → 그렇게 빨리 먹지 마라.

　　Esst nicht so schnell! → 그렇게 빨리 먹지 마라.

　　Essen Sie bitte nicht so schnell! → 그렇게 빨리 드시지 마세요.

　2. Sei bitte nicht so traurig! → 그렇게 슬퍼하지 마라.

　　Seid bitte nicht so traurig! → 그렇게 슬퍼하지 마라.

　　Seien Sie bitte nicht so traurig! → 그렇게 슬퍼하지 마세요.

B. 1. Geben Sie mir bitte das Salz! 나에게 소금 좀 주세요.

　　(*du*) Gib mir bitte das Salz! 나에게 소금 좀 줘.

　　(*ihr*) Gebt mir bitte das Salz! 나에게 소금 좀 줘.

　2. Helfen Sie uns bitte! 우리를 도와주세요.

　　(*du*) Hilf uns bitte! 우리를 도와줘.

　　(*ihr*) Helft uns bitte! 우리를 도와줘.

　3. Sprechen Sie bitte langsam! 천천히 말씀해주세요.

　　(*du*) Sprich bitte langsam! 천천히 말해라.

　　(*ihr*) Sprecht bitte langsam! 천천히 말해라.

C. 1. Geh nach Hause! 집에 가라.

　　(*Sie*) Gehen Sie bitte nach Hause! 집에 가세요.

　2. Fahr langsam! 천천히 운전해.

　　(*Sie*) Fahren Sie bitte langsam! 천천히 운전하세요.

3. Komm schnell! 빨리 와.

   (*Sie*) Kommen Sie bitte schnell! 빨리 오세요.

4. Seid nicht so laut! 그렇게 떠들지 마.

   (*Sie*) Seien Sie bitte nicht so laut! 그렇게 떠들지 마세요.

5. Nehmt bitte Platz! 자리에 앉아라.

   (*Sie*) Nehmen Sie bitte Platz! 자리에 앉으세요.

Lektion 10

A. 1. Ich kenne den Mann. 나는 그 남자를 안다.

   → Ich kenne ihn. 나는 그를 안다.

2. Wir lesen eine Zeitung. 우리는 신문을 읽는다.

   → Wir lesen sie. 우리는 그것을 읽는다.

3. Er liebt eine Frau. 그는 한 여자를 사랑한다.

   → Er liebt sie. 그는 그녀를 사랑한다.

4. Wir helfen dem Kind. 우리는 아이에게 도움을 준다.

   → Wir helfen ihm. 우리를 그에게 도움을 준다.

5. Er kauft einen Wagen. 그는 자동차 한 대를 산다.

   → Er kauft ihn. 그는 그것을 산다.

B. 1. Ich habe eine Schwester. Das ist meine Schwester.

   나는 여동생 한 명이 있다. 이 사람은 내 여동생이다.

2. Er hat einen Bruder. Das ist sein Bruder.

   그는 남동생 한 명이 있다. 이 사람은 그의 남동생이다.

3. Du hast ein Buch. Das ist dein Buch.

   너는 책 한 권을 갖고 있다. 그것은 너의 책이다.

4. Sie hat ein Auto. Das ist ihr Auto.

   그녀는 자동차 한 대가 있다. 그것은 그녀의 자동차이다.

5. Wir haben ein Haus. Das ist unser Haus.

   우리는 집 한 채가 있다. 그것은 우리의 집이다.

A. 1. (*regnen*) → Es regnet. 비가 온다.

2. (*schneien*) → Es schneit. 눈이 온다.

3. (*blitzen*) → Es blitzt. 번개가 친다.

4. (*donnern*) → Es donnert. 천둥이 친다.

5. (*warm*) → Es ist warm. 날씨가 덥다.

6. (*kühl*) → Es ist kühl. 날씨가 쌀쌀하다.

B. 1. (2시) → Es ist zwei Uhr. 2. (5시) → Es ist fünf Uhr.

3. (8시) → Es ist acht Uhr. 4. (10시) → Es ist zehn Uhr.

5. (12시) → Es ist zwölf Uhr.

C. 1. 여기에 학생들이 많이 있다. → Hier gibt es viele Studenten.

2. 어떻게 지내십니까? → Wie geht es Ihnen?

3. 어떻게 지내니? → Wie geht es dir?

4. 고맙습니다. 잘 지내고 있습니다. → Danke. Es geht mir gut.

A.

단수형	복수형	단수형	복수형
der Vater	die Väter	die Nacht	die Nächte
die Mutter	die Mütter	das Bein	die Beine
das Fenster	die Fenster	der Mann	die Männer
der Garten	die Gärten	der Wald	die Wälder
die Tochter	die Töchter	das Buch	die Bücher
der Sohn	die Söhne	das Haus	die Häuser
die Frau	die Frauen	das Auto	die Autos
der Staat	die Staaten	das Hotel	die Hotels
das Auge	die Augen	das Sofa	die Sofas

B. 1. Ich esse einen Apfel. → Ich esse die Äpfel. 나는 사과들을 먹는다.

2. Er kauft einen Mantel. → Er kauft die Mäntel. 그는 외투들을 산다.

3. Sie gibt einem Freund ein Buch.

   → Sie gibt den Freunden die Bücher. 그녀는 친구들에게 책들을 준다.

4. Mein Vater hat ein Auto.

   → Mein Vater hat die Autos. 나의 아버지는 자동차들을 가지고 있다.

5. Das Kind liebt das Tier.

   → Das Kind liebt die Tiere. 아이는 동물들을 사랑한다.

Lektion 13

A. 1. Der Student wohnt bei dem Onkel.

   (그 대학생은 삼촌 댁에서 살고 있다.)

2. Sie geht mit ihrer Freundin.

   (그녀는 그녀의 친구와 함께 간다.)

3. Wir fahren nach Berlin.

   (우리는 베를린으로 간다.)

4. Die Kinder gehen zu einer Ausstellung.

   (아이들은 전시회에 간다.)

5. Während der Winterferien bleibe ich in Frankfurt.

   (겨울방학 동안에 나는 프랑크푸르트에 머물고 있다.)

6. Wegen der Krankheit bleibt er zu Hause.

   (아프기 때문에 그는 집에 머물고 있다.)

B. 1. Das Buch liegt auf dem Stuhl. 책은 의자 위에 놓여 있다.

2. Sie legt das Buch auf den Stuhl. 그녀는 책을 의자 위에 놓는다.

3. Das Auto steht hinter dem Haus. 자동차는 집 뒤에 세워져 있다.

4. Er stellt das Auto hinter das Haus. 그는 자동차를 집 뒤로 세워 놓는다.

5. Das Kind spielt vor der Tür. 아이는 문 앞에서 놀고 있다.

6. Das Fahrrad steht unter dem Baum. 자전거는 나무 아래에 세워져 있다.

7. Sie stellt die Tasche neben das Bett. 그녀는 가방을 침대 옆에 세워 둔다.

8. Er legt die Milch in den Kühlschrank. 그는 우유를 냉장고 안에 넣는다.

9. Nach dem Essen gehen wir ins Kino. 식사 후에 우리는 영화관에 간다.

10. Wir fahren mit dem Taxi. 우리는 택시를 타고 간다.

Lektion 14

A.

ich	darf	kann	mag	muss	soll	will
du	darfst	kannst	magst	musst	sollst	willst
er	darf	kann	mag	muss	soll	will
wir	dürfen	können	mögen	müssen	sollen	wollen
ihr	dürft	könnt	mögt	müsst	sollt	wollt
sie	dürfen	können	mögen	müssen	sollen	wollen

B. 1. Ich will Bier trinken. (*wollen*) → 나는 맥주를 마실 것이다.

2. Hier darf man nicht rauchen. (dürfen) → 여기에서 담배를 피우면 안 된다.

3. Kannst du mir helfen? (können) → 너는 나를 도와줄 수 있니?

4. Er muss die Hausaufgabe machen. (müssen) → 그는 숙제를 해야만 한다.

5. Soll ich das Fenster aufmachen? (sollen) → 제가 창문을 열어야 할까요?

Lektion 15

A. 1. (멋있는 남자) der schöne Mann

2. (그 남자는 멋있다) Der Mann ist schön.

3. (그 남자는 멋지게 춤을 춘다) Der Mann tanzt schön.

B. 1. Die kleine Uhr ist teuer. 작은 시계가 비싸다.

2. Wo ist das alte Haus? 오래된 집이 어디에 있나요?

3. Der schwarze Wagen ist prima. 검정색 차가 멋있다.

4. Wir brauchen einen neuen Reiseplan. 우리는 새로운 여행 계획이 필요하다.

5. Er kauft eine rote Tasche. 그는 빨간 가방을 산다.

6. Sie hat ein schönes Bild. 그녀는 멋있는 그림을 가지고 있다.

7. Wir trinken kaltes Wasser. 우리는 찬물을 마신다.

8. Ich kenne die netten Leute. 나는 친절한 사람들을 알고 있다.

Lektion **16**

A.

원급	비교급	최상급
kurz	kürzer	kürzest
warm	wärmer	wärmst
lang	länger	längst
gut	besser	best
groß	größer	größt
nah	näher	nächst
hoch	höher	höchst
gern	lieber	liebst
viel	mehr	meist

B. 1. Peter ist jünger als Hans. (*jung*) 페터가 한스보다 젊다.

2. Er ist so groß wie du. (*groß*) 그는 너만큼 크다.

3. Sein Auto fährt schneller als mein Auto. (*schnell*)
   그의 자동차는 내 자동차보다 빨리 달린다.

4. Der Winter ist kalt. (*kalt*) 겨울은 춥다.

5. Die Frau tanzt besser als ich. (*gut*) 그 여자는 나보다 춤을 잘 춘다.

6. Die Frau tanzt gut. (*gut*) 그 여자는 춤을 잘 춘다.

7. Die Schule liegt näher als die Kirche. (*nah*) 학교가 교회보다 가깝게 있다.

A.

2	zweit	31	einunddreißigst
4	viert	35	fünfunddreißigst
5	fünft	48	achtundvierzigst
9	neunt	55	fünfundfünfzigst
10	zehnt	62	zweiundsechzigst
12	zwölft	80	achtzigst
14	vierzehnt	90	neunzigst
16	sechzehnt	93	dreiundneunzigst
17	siebzehnt	100	hundertst
20	zwanzigst	1000	tausendst

B. 1. einst (1) → erst,

2. dreit (3) → dritt,

3. siebent (7) → siebt,

4. achtt (8) → acht

C. 1. 2013년: zweitausenddreizehn

2. 1996년: neunzehnhundertsechsundneunzig

D. 1. Heute ist der 9. August 2013. 오늘은 2013년 8월 9일이다.

→ der neunte August zweitausenddreizehn

2. Ich bin am 17. Juni 1997 geboren. 나는 1997년 6월 17일에 태어났다.

→ am siebzehnten Juni neunzehnhundertsiebenundneunzig

A. 1. 분리동사: ankommen, spazierengehen, vorhaben, zumachen, feststellen, bekanntmachen, teilnehmen, mitgehen

2. 비분리동사: entdecken, besuchen, mißbrauchen, empfehlen, erfahren,

verstehen

B. 1. Ich (*ankommen*) um 9 Uhr. → Ich komme um 9 Uhr an. 나는 9시에 도착한다.

2. Er (*aufstehen*) um 6 Uhr. → Er steht um 6 Uhr auf. 그는 6시에 일어난다.

3. Wir (*zumachen*) das Fenster.

   → Wir machen das Fenster zu. 우리는 창문을 닫는다.

4. Ich (*verstehen*) dich. → Ich verstehe dich. 나는 너를 이해한다.

5. Wir (*spazierengehen*) nachmittags.

   → Wir gehen nachmittags spazieren. 우리는 오후에 산책하러 간다.

6. Wir (*mitkommen*) auch. → Wir kommen auch mit. 우리도 함께 간다.

7. Ich (*fernsehen*) jeden Abend.

   → Ich sehe jeden Abend fern. 나는 매일 저녁에 TV를 본다.

8. Ich (*anrufen*) dich. → Ich rufe dich an. 내가 너한테 전화한다.

Lektion 19

A.

부정형	과거형	과거분사형
sagen	sagte	gesagt
machen	machte	gemacht
lernen	lernte	gelernt
lieben	liebte	geliebt
arbeiten	arbeitete	gearbeitet
warten	wartete	gewartet
studieren	studierte	studiert

B.

부정형	과거형	과거분사형
fahren	fuhr	gefahren
geben	gab	gegeben
essen	aß	gegessen
sehen	sah	gesehen
kommen	kam	gekommen
sprechen	sprach	gesprochen
trinken	trank	getrunken
helfen	half	geholfen
bringen	brachte	gebracht
denken	dachte	gedacht
kennen	kannte	gekannt
sein	war	gewesen
haben	hatte	gehabt

C.

부정형	과거형	과거분사형
aufmachen	aufmachte	aufgemacht
zumachen	zumachte	zugemacht
abholfen	abholte	abgeholt
ankommen	ankam	ankommen
ausgehen	ausging	ausgegangen
bezahlen	bezahlte	bezahlt
verkaufen	verkaufte	verkauft

Lektion **20**

A.

	lernen	werden	trinken	gehen
ich	lernte	wurde	trank	ging
du	lerntest	wurdest	trankst	gingst
er/sie/es	lernte	wurde	trank	ging
wir	lernten	wurden	tranken	gingen
ihr	lerntet	wurdet	trankt	gingt
sie	lernten	wurden	tranken	

B.

	sein	haben
ich	war	hatte
du	warst	hattest
er/sie/es	war	hatte
wir	waren	hatten
ihr	wart	hattet
sie	waren	hatten

Lektion 21

A. 1. Wir (*fahren*) nach Berlin.

→ Wir sind nach Berlin gefahren. 우리는 베를린에 갔다.

2. Ich (*warten*) auf meinen Freund.

→ Ich habe auf meinen Freund gewartet. 나는 내 친구를 기다렸다.

3. Er (*kaufen*) ein neues Auto.

→ Er hat ein neues Auto gekauft. 그는 새 자동차를 샀다.

4. Du (*lieben*) mich.

→ Du hast mich geliebt. 너는 나를 사랑했다.

5. Wir (*essen*) Brot.

→ Wir haben Brot gegessen. 우리는 빵을 먹었다.

6. Er (*sprechen*) gut Deutsch.

→ Er hat gut Deutsch gesprochen. 그는 독일어를 잘 했다.

7. Ich (*lesen*) eine Zeitschrift.

→ Ich habe eine Zeitschrift gelesen. 나는 잡지를 읽었다.

B. 1. Wir (*fahren*) nach Berlin.

→ Wir waren nach Berlin gefahren. 우리는 베를린에 갔었다.

2. Er (*werden*) krank.

→ Er war krank geworden. 그는 아팠었다.

3. Der Zug (*ankommen*) pünktlich.

→ Der Zug war pünktlich angekommen. 기차는 정확하게 도착했었다.

4. Er (*einschlafen*)

    → Er war eingeschlafen. 그는 잠이 들었었다.

5. Wohin (*gehen*) er?

    → Wohin war er gegangen? 그는 어디로 갔었나?

6. Woher (*kommen*) du?

    → Woher warst du gekommen? 너는 어디에서 왔었니?

7. Wir (*bleiben*) zu Hause.

    → Wir waren zu Hause geblieben. 우리는 집에 있었었다.

Lektion 22

A. 1. Ich lerne Deutsch. 나는 독일어를 배운다.

    → Ich werde Deutsch lernen. 나는 독일어를 배울 것이다.

2. Wir nehmen ein Taxi. 우리는 택시를 탄다.

    → Wir werden ein Taxi nehmen. 우리는 택시를 탈 것이다.

3. Er besucht seinen Freund. 그는 그의 친구를 방문한다.

    → Er wird seinen Freund besuchen. 그는 그의 친구를 방문할 것이다.

4. Wir gehen zum Konzert. 우리는 콘서트에 간다.

    → Wir werden zum Konzert gehen. 우리는 콘서트에 갈 것이다.

5. Es regnet morgen. 내일 비가 온다.

    → Es wird morgen regnen. 내일 비가 올 것이다.

6. Wir fahren nach Hamburg. 우리는 함부르크에 간다.

    → Wir werden nach Hamburg fahren. 우리는 함부르크에 갈 것이다.

7. Er ruft dich an. 그는 너한테 전화한다.

    → Er wird dich anrufen. 그는 너한테 전화할 것이다.

B. 1. Er kauft einen Wagen. 그는 차를 한 대 산다.

    → Er wird einen Wagen gekauft haben. 그는 차를 한 대 샀었을 것이다.

2. Wir besuchen unseren Lehrer. 우리는 우리의 선생님을 방문한다.

    → Wir werden unseren Lehrer besucht haben.

우리는 우리의 선생님을 방문했었을 것이다.

3. Ich rufe meine Mutter an. 나는 나의 엄마한테 전화한다.

   → Ich werde meine Mutter angerufen haben.

   나는 나의 엄마한테 전화했었을 것이다.

4. Ich fahre nach München. 나는 뮌헨으로 간다.

   → Ich werde nach München gefahren sein. 나는 뮌헨에 갔었을 것이다.

5. Er bleibt in Berlin. 그는 베를린에 머문다.

   → Er wird in Berlin geblieben sein. 그는 베를린에 머물렀을 것이다.

Lektion **23**

A. 1. Das Wetter ist schön. (*wenn*)

   Ich gehe gern spazieren.

   → Wenn das Wetter schön ist, gehe ich gern spazieren.

   날씨가 좋으면 나는 산책하길 좋아한다.

2. Du gehst ins Bett. *(bevor)*

   Du musst das Fenster zumachen.

   → Bevor du ins Bett gehst, musst du das Fenster zumachen.

   네가 잠자러 가기 전에 창문을 닫아야 한다.

3. Er ist reich. *(obwohl)*

   Er ist geizig.

   → Obwohl er reich ist, ist er geizig.

   그는 부자임에도 불구하고 인색하다.

B. 1. Ich gehe nicht spazieren, weil es heute regnet.

   → 오늘 비가 오기 때문에 나는 산책하러 가지 않는다.

2. Er kann sowohl Tennis als auch Fußball spielen.

   → 그는 테니스도 할 줄 알고 축구도 할 줄 안다.

3. Ich trinke nicht Bier sondern immer Wein.

   → 나는 맥주를 안마시고 항상 포도주를 마신다.

4. Er fährt schnell, denn er muss pünktlich ankommen.

→ 그는 빨리 달린다. 왜냐하면 그가 정확히 도착해야 하기 때문이다.

Lektion **24**

A. 1. Das Kind besucht die Tante. 그 아이는 이모를 방문한다.

→ Die Tante wird vom Kind besucht.

2. Er schreibt einen Brief. 그는 편지 한 장을 쓴다.

→ Ein Brief wird von ihm geschrieben.

3. Er baut ein Haus. 그는 집 한 채를 짓는다.

→ Ein Haus wird von ihm gebaut.

4. Der Student macht das Fenster auf. 대학생은 창문을 연다.

→ Das Fenster wird vom Student aufgemacht.

5. Der Sturm zerstört das Dorf. 폭풍이 마을을 파괴한다.

→ Das Dorf wird vom Sturm zerstört.

6. Die Wolken bedecken den Himmel. 구름이 하늘을 덮는다.

→ Der Himmel wird von den Wolken bedeckt.

B. 1. Die Frau hilft dem Kind. 그 여자는 그 아이를 돕는다.

→ Es wird von der Frau dem Kind geholfen.

→ Dem Kind wird von der Frau geholfen.

2. Wir tanzen im Saal. 우리는 강당에서 춤을 춘다.

→ Es wird von uns im Saal getanzt.

→ Im Saal wird von uns getanzt.

C. 1. In Deutschland spricht man Deutsch. 독일에서는 독일어를 말한다.

→ In Deutschland wird Deutsch gesprochen.

2. Man singt im Oktoberfest. 옥토버페스트에서 노래를 한다.

→ Es wird im Oktoberfest gesungen.

→ Im Oktoberfest wird gesungen.

D. 1. Die Tür wird jetzt aufgemacht.

    → 문이 지금 열리고 있다.

  2. Die Tür ist jetzt aufgemacht.

    → 문이 지금 열려 있다.

Lektion 25

A. 1. Der Student, der aus Berlin kommt, wohnt im Studentenwohnheim.

    → 베를린에서 온 대학생이 기숙사에서 산다.

  2. Wer mir hilft, ist mein Freund.

    → 나에게 도움을 주는 사람은 내 친구다.

B. 1. Er sucht einen Freund, der kommt aus Deutschland.

    → Er sucht einen Freund, der aus Deutschland kommt.

    그는 독일에서 온 친구를 찾는다.

  2. Ich kaufe einen Schrank, die in der Küche liegt.

    → Ich kaufe einen Schrank, der in der Küche liegt.

    나는 부엌에 놓을 수납장을 산다.

C. 1. Das ist ein Wagen. Er hat gestern gekauft.

    → Das ist ein Wagen, den er gestern gekauft hat.

    이것은 그가 어제 산 자동차다.

  2. Die Tasche ist teuer. Sie liegt auf dem Stuhl.

    → Die Tasche, die auf dem Stuhl liegt, ist teuer.

    의자 위에 놓여 있는 가방은 비싸다.

D. 1. Ich kenne ein Kind, das mir geholfen hat.

    나는 나를 도와준 아이를 안다.

  2. Der Student, der aus Berlin kommt, wohnt im Studentenwohnheim.

    베를린에서 온 대학생은 기숙사에서 산다.

3. Das ist die Frau, der ich eine Blume geschenkt habe.

이 사람은 내가 꽃을 선물했던 여자다.

E. 1. Wen ich heute treffe, kommt aus Deutschland.

내가 오늘 만나는 사람은 독일 출신이다.

2. Was ich gelesen habe, war sehr interessant.

내가 읽었던 것은 아주 재밌었다.

Lektion 26

A. 1. Ich bin bereit, nach Europa zu fahren.

→ 나는 유럽에 갈 준비가 되어 있다.

2. Fußball zu spielen macht Spaß.

→ 축구를 하는 것은 재미있다.

3. Ich habe versucht, laut zu sprechen.

→ 나는 크게 말하려고 시도했다.

4. Ich habe keine Lust, ins Kino zu gehen.

→ 나는 영화보러 갈 마음이 없다.

5. Ich habe keine Zeit, zum Konzert zu gehen.

→ 나는 콘서트에 갈 시간이 없다.

B. 1. (sprechen, Deutsch)

→ Deutsch zu sprechen 독일어를 하는 것

2. (nach Berlin, fahren)

→ nach Berlin zu fahren 베를린에 가는 것

3. (morgens, früh, aufstehen)

→ morgens früh aufzustehen 아침마다 일찍 일어나는 것

4. (ein Buch, dem Kind, geben)

→ dem Kind ein Buch zu geben 아이에게 책을 주는 것

A. 1. Er sagt, dass er mit seinem Bruder komme. (*kommen*)

→ 그는 그의 동생과 함께 올거라고 말한다.

2. Sie sagte ihm, dass sein Vater krank sei. (*sein*)

→ 그녀는 그에게 그의 아버지가 편찮으시냐고 말했다.

3. Er sagte, dass er nach Berlin fahre. (*fahren*)

→ 그는 베를린에 갈거라고 말했다.

B. 1. Wenn das Wetter schön wäre, würde ich Fahrrad fahren. (*werden*)

→ 날씨가 좋다면 나는 자전거를 탈 텐데.

2. Wenn er nicht krank wäre, könne er Tennis spielen. (*können*)

→ 그가 아프지 않다면 테니스를 칠 수 있을 텐데.

3. Wenn ich ein Vogel wäre, flöge ich zu dir hin. (*fliegen*)

→ 내가 새라면 너한테 날아갈 텐데.

단어 모음(독일어-한국어)

독일어	한국어	과
Abend (der, -e)	저녁	20, 21
abholen	데려오다	19
all	모든	13
alt	오래된, 늙은	13
ändern	바꾸다	24
Angst(die, ¨e)	걱정	2, 20
ankommen	도착하다	18, 19
anrufen	전화하다	6, 23
Apfel(der, ¨)	사과	4, 11
Apfelbaum(der, ¨e)	사과나무	12
arbeiten	일하다	1, 7, 19
arm	가난한	5, 20
Arzt(der, ¨e)	의자	12
auch	또한	18, 23
aufmachen	열다	13, 19, 24
aufstehen	일어나다	18, 23
Auge(das, -n)	눈(동물의)	11
August(der, -)	8월	17
ausgehen	나가다	19, 26
Ausstellung(die, -en)	전시회	12
Auto(das, -s)	자동차	3, 4, 9, 11, 15
baden	목욕하다	19
bald	곧	26
Ball(der, ¨e)	공	22
Baum(der, ¨e)	나무	12, 15
bedecken	덮다	24
begegnen	만나다	21

beginnen	시작하다	5
Bein(das, -e)	다리(동물의)	11
bekanntmachen	알리다	18
benutzen	사용하다	9
bereit	준비된	26
Berg(der, -e)	산	24
beruhigen	진정시키다	26
bestehen	합격하다	23
besuchen	방문하다	6, 18, 22
Bett(das, -en)	침대	12, 13
bezahlen	지불하다	19
Bier(das, -)	맥주	1, 5, 13
Bild(das, -er)	그림	9, 14
bitten	부탁하다	8
bleiben	머무르다, 남다	13, 21
Bleistift(der, -)	연필	12
blitzen	번개가 치다	10
Blume(die, -n)	꽃	7, 9, 11, 25
brauchen	필요하다	14
breit	넓은	15
Brief(der, -e)	편지	3, 24
bringen	가져오다	19
Brot(das, -e)	빵	21
Brötchen(das, -)	빵	3
Bruder(der, ⸚)	남동생, 형, 오빠	9, 12, 15, 27
Buch(das, ⸚er)	책	3, 11
Bücher(die, -)	책들(das Buch의 복수형)	12
bunt	화려한	9
Bus(der, -ses)	버스	14, 22

Cent(der, -)	센트	16
China(das, -)	중국	21
Chinesisch(das, -)	중국어	23
Computer(der, -)	컴퓨터	6
damals	그 당시에	21
danke	고맙다	10
danksagen	감사의 말을 하다	18
darf	해도 된다(dürfen의 3인칭 단수형)	14
denken	생각하다	19
Deutsch(das, -)	독일어	1, 8, 9
Deutschland(das, -)	독일	12, 17, 25
Dichter(der, -s)	시인	21
donnern	천둥이 치다	10
Dorf (das, ̈er)	마을	24
draußen	밖에	12
dunkel	어두운	15
dünn	희박한	15
Durst(der, -)	갈증	2
ehren	공경하다	13
einmal	한번	13
einschlafen	잠들다	21
Eltern(die, -)	부모	13
empfehlen	추천하다	18
Englisch(das, -)	영어	1, 23
entdecken	발견하다	18
erfahren	경험하다	14, 18
Erkältung(die, -en)	감기	12
erklären	설명하다	19
esgibt	있다	10

essen	먹다	4, 8, 19, 21
Essen(das, -s)	식사	12
etwas	어떤 것, 약간, 조금	9, 23
Euro(der, -)	유로화	16
fahren	가다(운송수단 등을 타고)	6, 9, 12, 17, 19
Fahrkarte(die, -n)	차표	20
Fahrrad(das, ̈er)	자전거	12, 27
fallen	넘어지다	7
Familie(die, -n)	가족	12
faul	게으른	20
Fenster(das, -s)	창문	11, 13, 27
fernsehen	텔레비전을 시청하다	18
Fernseher(der, -)	텔레비전	12
feststellen	확언하다	18
Film(der, -e)	영화	6, 9
finden	찾다	7
fleißig	부지런한	7, 15, 20
fliegen	날아가다	12, 13, 17, 27
folgen	따르다	21
Frage(die, -n)	질문	27
fragen	질문하다	23
Französisch(das, -)	프랑스어	25
Frau(die, -en)	여자	11, 14, 15
Freiheit(die, -)	자유	3
Freund(der, -e)	친구	4, 9, 11, 21
Freundin(die, -nen)	여자친구	4, 9
freundlich	친절한	2
froh	기쁜	2
früh	이른	26

Frühling(der, -e)	봄	3
Fußball(der, -)	축구	6, 17, 23, 26
Fußballspieler(der, -)	축구선수	25
Gabel(die-n)	포크	3
Garten(der, ¨)	정원	11
geben	주다	7, 19
gehen	걷다	13, 20
gehören	속하다	9, 19
geizig	인색한	23
Geld(das, -)	돈	2, 6, 20
gelingen	이루어지다	21
gern	기꺼이	15
gesendet	보내다(senden의 과거분사형)	25
gestern	어제	20, 21
gesund	건강한	2, 20
Gesundheit(die, -)	건강	26
Gott(der, ¨er)	신	11
gratulieren	축하하다	19
groß	큰	15, 25
Großmutter(die, -)	할머니	6
gut	좋은	4, 10, 15
Hähnchen(das, -)	닭(작은)	3
Hand(die, ¨e)	손	11
handeln	행동하다	1
hängen	걸려 있다, 걸다	9, 12
Haus(das, ¨er)	집	9, 14, 20
Hausaufgabe(die, -n)	과제	13
Heimat(die, -en)	고향	9
heiß	더운	10, 15

heißen	칭하다	5, 7, 9, 19
herkommen	이쪽으로 오다	18
Herzanfall(der, -)	심장발작	21
heute	오늘	5, 23
hier	여기	8
Himmel(der, -)	하늘	24
Hobby(das, -s)	취미	26
hoch	높은	15
hochachten	공경하다	18
hoffen	희망하다	23
Hoffnung(die, -en)	희망	26
hören	듣다	26
Hotel(das, -s)	호텔	11
Hund(der, -e)	개	3, 4
Hunger(der, -)	배고픔	2
immer	항상	15, 23
in	안에	1
interessant	흥미로운	25
Jacke(die, -n)	외투	22
Jahre(die, -)	해, 년(das Jahr의 복수형)	13
Jahrhundert(das, -e)	백년, 세기	17
Januar(der, -e)	1월	3
Japanisch(das, -)	일본어	23
jeden Abend	매일 저녁	18
jetzt	지금	5, 23
jung	젊은	15
Kaffee(der, -s)	커피	12, 26
kalt	추운	10, 14
Kapitel(das, -s)	장	17

kaufen	사다	3, 4, 5, 6, 9, 14, 19
kennen	알다	14, 18, 19
kennenlernen	사귀다	18
Kind(das, -er)	어린이	4, 6
Kino(das, -s)	영화관	3, 12, 13
Kirche(die, -n)	교회	15
klein	작은	2, 6, 14, 15
Koch(der, ˝e)	요리사	25
kommen	오다	1, 4, 5, 9, 12, 19
Konto(das, das, -s)	계좌	4
Konzert(das, -e)	연주회	5, 20, 21
Koreanisch(das, -)	한국어	23
kosten	값이 나가다	16
krank	아픈	21, 23
Krankheit(die, -en)	질병	3, 12
Küche(die, -n)	부엌	25
Kugelschreiber(der, -s)	볼펜	12
Kühlschrank(der, ˝e)	냉장고	12
Laden(der, ˝)	가게	11
Lampe(die, -n)	전등	12
lang	긴	15
langsamer	더 천천히(langsam의 비교급)	8
laufen	달리다	21
Laune(die, -)	기분	23
laut	시끄러운	8
lehren	가르치다	23
Lehrer(der, -s)	선생님	2, 3, 11
leise	조용히	8
lernen	배우다	1, 8, 19, 20

lesen	읽다	7, 21
Leute(die, -)	사람들	14, 23
Liebe(die, -n)	사랑	3
lieben	사랑하다	4, 9, 19, 21
liegen	놓여 있다	12, 15, 19, 25
liest	읽다(lesen 동사의 단수 3인칭 변화형) 5	
loben	칭찬하다	4
Löffel(der, -)	숟가락	3
lösen	해결하다	24
Luft(die, -)	공기	14, 15
Lust(die, ⁻e)	흥미	26
machen	하다	19, 27
Malerin(die, -nen)	여자 화가	20
Mann(der, ⁻er)	남자	4, 11
Mantel(der, ⁻)	외투	11
markieren	표시하다	19
Mensa(die, -sen)	학생식당	12
Mensch(der, -en)	사람	13
Messer(das, -)	칼	3
Milch(das, -)	우유	12
missbrauchen	악용하다	18
mitgehen	함께 가다	18
mitkommen	함께 오다	18
möchten	하고싶다	6
Moment(der, -e)	순간	8
morgen	내일	5, 22
müde	피곤한	2, 6, 27
Musik(die, -)	음악	26
Mut(der, -)	용기	2, 27

Mutter(die, ¨)	어머니	4, 6, 9, 11, 12
nach	~로(방향)	9
nach Hause	집으로	8, 13
nachmittags	오후에	18
Nacht(die, ¨e)	밤	11
nah	가까운	15
Nation(die, -en)	국가	3
nehmen	받다	7, 8, 19, 22
nett	친절한	14
neu	새로운	14
Obst(das, -es)	과일	6
öffnen	열다	19, 24
Oktober(der, -)	10월	17
Oktoberfest(das, -)	옥토버페스트	24
Onkel(der, -s)	삼촌	12
Österreich	오스트리아	9
Park(der, -s)	공원	11, 12
Plan(der, ¨e)	계획	12
Platz(der, ¨e)	자리	8
Postkarte(die, -n)	엽서	25
prima	최고의	14
Problem(das, -e)	문제	24
Prüfung(die, -en)	시험	23
pünktlich	정확히	20, 23
Puppe(die, -n)	인형	6, 9
putzen	청소하다	23
rauchen	흡연하다	13
reden	말하다	19
Regen(der, -)	비	12

regnen	비가 오다	10, 22
reich	부유한	5, 20, 23
Reise(die, -n)	여행	12
reisen	여행하다	7
Reiseplan(der, -)	여행 계획	14
rot	빨간	14, 25
ruhig	평온한	8
Saal(der, ⸚e)	강당	24
sagen	말하다	19
Salz(das, -e)	소금	8
sammeln	모으다	1
schaden	해롭게 하다	26
Schauspieler(der, -)	배우	25, 26
schenken	선사하다	4, 25
Schi(der, -er)	스키	17
schlafen	잠자다	7, 23
schließen	닫다	24
Schnee(der, -s)	눈	17, 24
schneien	눈이 오다	10, 23
schnell	빠른	6, 15
schön	예쁜, 아름다운	9, 14, 27
Schrank(der, ⸚e)	수납장	25
schreiben	쓰다	24
Schule(die, -n)	학교	15
Schüler(der, -)	학생	3, 4
schwarz	검은	14
Schweiz(die, -)	스위스	7
schwer	어려운	26
Schwester(die, -n)	여동생, 누나, 언니	9, 11, 15

schwimmen	수영하다	23
sehen	보다	7, 8, 9, 19
sehr	아주	25
senden	보내다	19, 25
singen	노래하다	14, 15
sitzen	앉아 있다	19
Sofa(das, -s)	소파	11
Sohn(der, ¨e)	아들	24
Sommerferien(die, -)	여름방학('방학'은 복수형만 있음)	12
Spanisch	스페인어	23
Spaß(der, -)	재미	26
spät	늦은	10, 16, 23
spazieren gehen	산책하러 가다	18, 23
spielen	놀다, 놀이하다	6, 17, 23, 26
sprechen	말하다	7, 8, 13, 19, 21
statt	~대신에	12
Staat(der, -en)	국가	11
Stadtplan(der, ¨e)	시가 지도	14
stark	강한	23, 26
stehen	서 있다	19
steigen	오르다	15
stellen	세우다	12
sterben	죽다	13, 21
Straße(die, -)	거리	21
Student(der, -en)	대학생	2, 3, 10
Studentenwohnheim(das, -e)	기숙사	25
Studentin(die, -)	여대생	2, 25
studieren	공부하다	19
Stuhl(der, ¨e)	의자	12, 25

Sturm(der, -e)	폭풍	24
suchen	찾다	4
süß	달콤한	6
Taifun(der, -e)	태풍	24
Tante(die, -n)	이모, 숙모, 고모	18
tanzen	춤추다	4, 7, 15, 24
Tasche(die, -n)	가방	4, 5, 6, 9, 14, 22
Tasse(die, -n)	컵	12
Taxi(das, -s)	택시	7
teilnehmen	참가하다	18, 19
telefonieren	전화하다	19
Tennis(das, -e)	테니스	23, 27
teuer	비싼	6, 14, 15, 25
Tier(das, -e)	동물	11
Tisch(der, -e)	책상	3, 12
Tochter(die, ⸚)	딸	11
traurig	슬픈	8, 20
treffen	만나다	4
trinken	마시다	1, 12, 13, 14, 19, 20
trotz	~에도 불구하고	12
tun	하다	23
Tür(die, -en)	문	12, 24
Uhr(die, -en)	시, 시계, 시간	10, 11, 14, 16
Urlaub(der, -e)	휴가	23
Vater(der, ⸚)	아버지	4, 6, 9, 11
verdienen	벌다	23
verkaufen	팔다	19
verschwinden	사라지다	21
verstehen	이해하다	18

versuchen	시도하다	26
viel	많은	1, 7, 10, 15, 23
vielleicht	혹시	23
Vogel(der, ⁝)	새	27
vor	~앞에	14
vorhaben	계획하다	18
wachsen	성장하다	21
Wagen(der, ⁝)	자동차	9, 14, 22, 25
wahr	진실한	23
während	~동안에	12
Wald(der, ⁝er)	숲	11
Wand(die, ⁝e)	벽	3, 12
warm	따뜻한	14, 15
warten	기다리다	7, 8, 19, 21
was	무엇	16
Wasser(das, -)	물	1, 3, 14
wegen	~때문에	12
wegfahren	떠나다	18
Wein(der, -e)	포도주	14
weinen	울다	5
weise	현명한	15
wenig	적은	15
werden	되다	19, 20, 21, 22
Wetter(das, -)	날씨	5, 23
wie	어떻게, 얼마나	16
wieder	다시	23
wiedersehen	다시 보다	26
will(화법조동사wollen)	~할 것이다	6
winken	신호를 보내다	4, 5

Winter(der, -)	겨울	15
Winterferien(die, -)	겨울방학	12
wissen	알다	19
Wochenende(das, -n)	주말	23
wohnen	살다	1, 5, 19
Wohnung(die, -en)	집	3
Wolke(die, -n)	구름	24
Wort(das, ¨er)	단어, 말	11, 26
Zeit(die, -en)	시간	2, 6, 20
Zeitschrift(die, -en)	잡지	21
Zeitung(die, -en)	신문	4, 5, 6, 7, 9, 23
zerstören	파괴하다	18, 24
Zimmer(das, -s)	방	12
zu	너무	23
zu Hause	집에	12, 21
Zucker(der, -s)	설탕	12
Zug(der, ¨e)	기차	9, 12, 21
zumachen	닫다	18, 19, 27
zurück	뒤로, 되돌아	18
zurückkommen	돌아오다	18

어휘 모음(한국어-독일어)

한국어	독일어	과
가게	Laden(der, ¨)	11
가까운	nah	15
가난한	arm	5, 20
가다(운송수단 등을 타고)	fahren	6, 9, 12, 17, 19
가르치다	lehren	23
가방	Tasche(die, -n)	4, 5, 6, 9, 14, 22
가져오다	bringen	19
가족	Familie(die, -n)	12
갈증	Durst(der, -)	2
감기	Erkältung(die, -en)	12
감사의 말을 하다	danksagen	18
값이 나가다	kosten	16
강당	Saal(der, ¨e)	24
강한	stark	23, 26
개	Hund(der, -e)	3, 4
거리	Straße(die, -)	21
걱정	Angst(die, ¨e)	2, 20
건강	Gesundheit(die, -)	26
건강한	gesund	2, 20
걷다	gehen	13, 20
걸려 있다	hängen	9, 12
검은	schwarz	14
게으른	faul	20
겨울	Winter(der, -)	15
겨울방학	Winterferien(die, -)	12
경험하다	erfahren	14, 18
계좌	Konto(das, -s)	4

계획	Plan(der, ¨e)	12
계획하다	vorhaben	18
고맙다	danke	10
고향	Heimat(die, -en)	9
곧	bald	26
공	Ball(der, ¨e)	22
공경하다	ehren	13
공경하다	hochachten	18
공기	Luft(die, -)	14, 15
공부하다	studieren	19
공원	Park(der, -s)	11, 12
과일	Obst(das, -es)	6
과제	Hausaufgabe(die, -n)	13
교회	Kirche(die, -n)	15
구름	Wolke (die, -n)	24
국가	Nation (die, -en)	3
국가	Staat(der, -en)	11
그 당시에	damals	21
그림	Bild(das, -er)	9, 14
기꺼이	gern	15
기다리다	warten	7, 8, 19, 21
기분	Laune(die, -)	23
기쁜	froh	2
기숙사	Studentenwohnheim(das, -e)	25
기차	Zug(der, ¨e)	9, 12, 21
긴	lang	15
꽃	Blume(die, -n)	7, 9, 11, 25
나가다	ausgehen	19, 26
나무	Baum(der, ¨e)	12, 15

날씨	Wetter(das, -)	5, 23
날아가다	fliegen	12, 13, 17, 27
남동생, 형, 오빠	Bruder(der, ⸚)	9, 12, 15, 27
남자	Mann(der, ⸚er)	4, 11
내일	morgen	5, 22
냉장고	Kühlschrank(der, ⸚e)	12
너무	zu	23
넓은	breit	15
넘어지다	fallen	7
노래하다	singen	14, 15
놀다, 놀이하다	spielen	6, 17, 23, 26
높은	hoch	15
놓여 있다	liegen	12, 15, 19, 25
눈	Schnee(der, -s)	17, 24
눈(동물의)	Auge(das, -n)	11
눈이 오다	schneien	10, 23
늦은	spät	10, 16, 23
다리(동물의)	Bein(das, -e)	11
다시	wieder	23
다시 보다	wiedersehen	26
단어, 말	Wort(das, ⸚er)	11, 26
닫다	schließen	24
닫다	zumachen	18, 19, 27
달리다	laufen	21
달콤한	süß	6
닭(작은)	Hähnchen(das, -)	3
~대신에	statt	12
대학생	Student(der, -en)	2, 3, 10
더 천천히(langsam의 비교급)	langsamer	8

더운	heiß	10, 15
덮다	bedecken	24
데려오다	abholen	19
도착하다	ankommen	18, 19
독일	Deutschland(das, -)	12, 17, 25
독일어	Deutsch(das, -)	1, 8, 9
돈	Geld(das, -)	2, 6, 20
돌아오다	zurückkommen	18
동물	Tier(das, -e)	11
~동안에	während	12
되다	werden	19, 20, 21, 22
뒤로, 되돌아	zurück	18
듣다	hören	26
따뜻한	warm	14, 15
따르다	folgen	21
딸	Tochter(die, ⸚)	11
~때문에	wegen	12
떠나다	wegfahren	18
또한	auch	18, 23
~로(방향)	nach	9
마시다	trinken	1, 12, 13, 14, 19, 20
마을	Dorf(das, ⸚er)	24
만나다	begegnen	21
만나다	treffen	4
많은	viel	1, 7, 10, 15, 23
말하다	reden	19
말하다	sagen	19
말하다	sprechen	7, 8, 13, 19, 21
매일 저녁	jeden Abend	18

맥주	Bier(das, -)	1, 5, 13
머무르다, 남다	bleiben	13, 21
먹다	essen	4, 8, 19, 21
모든	all	13
모으다	sammeln	1
목욕하다	baden	19
무엇	was	16
문	Tür(die, -en)	12, 24
문제	Problem(das, -e)	24
물	Wasser(das, -)	1, 3, 14
바꾸다	ändern	24
밖에	draußen	12
받다	nehmen	7, 8, 19, 22
발견하다	entdecken	18
밤	Nacht(die, ̈e)	11
방	Zimmer(das, -s)	12
방문하다	besuchen	6, 18, 22
배고픔	Hunger(der, -)	2
배우	Schauspieler(der, -)	25, 26
배우다	lernen	1, 8, 19, 20
백년, 세기	Jahrhundert(das, -e)	17
버스	Bus(der, -ses)	14, 22
번개가 치다	blitzen	10
벌다	verdienen	23
벽	Wand(die, ̈e)	3, 12
보내다	senden	19, 25
보내다(senden의 과거분사형)	gesendet	25
보다	sehen	7, 8, 9, 19
볼펜	Kugelschreiber(der, -s)	12

봄	Frühling(der, -e)	3
부모	Eltern (die, -)	13
부엌	Küche(die, -n)	25
부유한	reich	5, 20, 23
부지런한	fleißig	7, 15, 20
부탁하다	bitten	8
비	Regen(der, -)	12
비가 오다	regnen	10, 22
비싼	teuer	6, 14, 15, 25
빠른	schnell	6, 15
빨간	rot	14, 25
빵	Brot(das, -e)	21
빵	Brötchen(das, -)	3
사과	Apfel(der, ¨)	4, 11
사과나무	Apfelbaum(der, ¨e)	12
사귀다	kennenlernen	18
사다	kaufen	3, 4, 5, 6, 9, 14, 19
사라지다	verschwinden	21
사람	Mensch(der, -en)	13
사람들	Leute(die, -)	14, 23
사랑	Liebe(die, -n)	3
사랑하다	lieben	4, 9, 19, 21
사용하다	benutzen	9
산	Berg(der, -e)	24
산책하러 가다	spazieren gehen	18, 23
살다	wohnen	1, 5, 19
삼촌	Onkel(der, -s)	12
새	Vogel(der, ¨)	27
새로운	neu	14

생각하다	denken	19
서 있다	stehen	19
선사하다	schenken	4, 25
선생님	Lehrer(der, -s)	2, 3, 11
설명하다	erklären	19
설탕	Zucker(der, -s)	12
성장하다	wachsen	21
세우다	stellen	12
센트	Cent(der, -)	16
소금	Salz(das, -e)	8
소파	Sofa(das, -s)	11
속하다	gehören	9, 19
손	Hand(die, ¨e)	11
수납장	Schrank(der, ¨e)	25
수영하다	schwimmen	23
순간	Moment(der, -e)	8
숟가락	Löffel(der, -)	3
숲	Wald(der, ¨er)	11
스위스	Schweiz(die, -)	7
스키	Schi(der, -er)	17
스페인어	Spanisch	23
슬픈	traurig	8, 20
시, 시계, 시간	Uhr(die, -en)	10, 11, 14, 16
시가 지도	Stadtplan(der, ¨e)	14
시간	Zeit(die, -en)	2, 6, 20
시끄러운	laut	8
시도하다	versuchen	26
시인	Dichter(der, -s)	21
시작하다	beginnen	5

시험	Prüfung(die, -en)	23
식사	Essen(das, -s)	12
신	Gott(der, ̈er)	11
신문	Zeitung(die, -en)	4, 5, 6, 7, 9, 23
신호를 보내다	winken	4, 5
심장발작	Herzanfall(der, -)	21
쓰다	schreiben	24
아들	Sohn(der, ̈e)	24
아버지	Vater(der, ̈)	4, 6, 9, 11
아주	sehr	25
아픈	krank	21, 23
악용하다	missbrauchen	18
안에	in	1
앉아 있다	sitzen	19
알다	kennen	14, 18, 19
알다	wissen	19
알리다	bekanntmachen	18
~앞에	vor	14
어두운	dunkel	15
어떤 것, 약간, 조금	etwas	9, 23
어떻게, 얼마나	wie	16
어려운	schwer	26
어린이	Kind(das, -er)	4, 6
어머니	Mutter(die, ̈)	4, 6, 9, 11, 12
어제	gestern	20, 21
~에도 불구하고	trotz	12
여기	hier	8
여대생	Studentin(die, -)	2, 25
여동생, 누나, 언니	Schwester(die, -n)	9, 11, 15

여름방학('방학'은 복수형만 있음)	Sommerferien(die, -)	12
여자	Frau (die, -en)	11, 14, 15
여자 화가	Malerin(die, -nen)	20
여자친구	Freundin(die, -nen)	4, 9
여행	Reise(die, -n)	12
여행 계획	Reiseplan(der, -)	14
여행하다	reisen	7
연주회	Konzert(das, -e)	5, 20, 21
연필	Bleistift(der, -)	12
열다	aufmachen	13, 19, 24
열다	öffnen	19, 24
엽서	Postkarte(die, -n)	25
영어	Englisch(das, -)	1, 23
영화	Film(der, -e)	6, 9
영화관	Kino(das, -s)	3, 12, 13
예쁜, 아름다운	schön	9, 14, 27
오늘	heute	5, 23
오다	kommen	1, 4, 5, 9, 12, 19
오래된, 늙은	alt	13
오르다	steigen	15
오스트리아	Österreich	9
오후에	nachmittags	18
옥토버페스트	Oktoberfest(das, -)	24
외투	Jacke(die, -n)	22
외투	Mantel(der, ¨)	11
요리사	Koch (der, ¨e)	25
용기	Mut(der, -)	2, 27
우유	Milch(das, -)	12
울다	weinen	5

유로화	Euro(der, -)	16
음악	Musik(die, -)	26
의자	Stuhl(der, ̈e)	12, 25
의사	Arzt(der, ̈e)	12
이루어지다	gelingen	21
이른	früh	26
이모, 숙모, 고모	Tante(die, -n)	18
이쪽으로 오다	herkommen	18
이해하다	verstehen	18
인색한	geizig	23
인형	Puppe(die, -n)	6, 9
일본어	Japanisch(das, -)	23
일어나다	aufstehen	18, 23
일하다	arbeiten	1, 7, 19
읽다	lesen	7, 21
있다	es gibt	10
자동차	Auto(das, -s)	3, 4, 9, 11, 15
자동차	Wagen(der, ̈)	9, 14, 22, 25
자리	Platz(der, ̈e)	8
자유	Freiheit(die, -)	3
자전거	Fahrrad(das, ̈er)	12, 27
작은	klein	2, 6, 14, 15
잠들다	einschlafen	21
잠자다	schlafen	7, 23
잡지	Zeitschrift(die, -en)	21
장	Kapitel(das, -s)	17
재미	Spaß(der, -)	26
저녁	Abend(der, -e)	20, 21
적은	wenig	15

전등	Lampe(die, -n)	12
전시회	Ausstellung(die, -en)	12
전화하다	anrufen	6, 23
전화하다	telefonieren	19
젊은	jung	15
정원	Garten(der, ⸚)	11
정확히	pünktlich	20, 23
조용히	leise	8
좋은	gut	4, 10, 15
주다	geben	7, 19
주말	Wochenende(das, -n)	23
죽다	sterben	13, 21
준비된	bereit	26
중국	China(das, -)	21
중국어	Chinesisch(das, -)	23
지금	jetzt	5, 23
지불하다	bezahlen	19
진실한	wahr	23
진정시키다	beruhigen	26
질문	Frage(die, -n)	27
질문하다	fragen	23
질병	Krankheit(die, -en)	3, 12
집	Wohnung(die, -en)	3
집	Haus(das, ⸚er)	9, 14, 20
집에	zu Hause	12, 21
집으로	nach Hause	8, 13
차표	Fahrkarte(die, -n)	20
참가하다	teilnehmen	18, 19
창문	Fenster(das, -s)	11, 13, 27

찾다	finden	7
찾다	suchen	4
책	Buch(das, ¨er)	3, 11
책들(das Buch의 복수형)	Bücher(die, -)	12
책상	Tisch(der, -e)	3, 12
천둥이 치다	donnern	10
청소하다	putzen	23
최고의	prima	14
추운	kalt	10, 14
추천하다	empfehlen	18
축구	Fußball(der, -)	6, 17, 23, 26
축구선수	Fußballspieler(der, -)	25
축하하다	gratulieren	19
춤추다	tanzen	4, 7, 15, 24
취미	Hobby(das, -s)	26
친구	Freund(der, -e)	4, 9, 11, 21
친절한	freundlich	2
친절한	nett	14
침대	Bett(das, -en)	12, 13
칭찬하다	loben	4
칭하다	heißen	5, 7, 9, 19
칼	Messer(das, -)	3
커피	Kaffee(der, -s)	12, 26
컴퓨터	Computer(der, -)	6
컵	Tasse(die, -n)	12
큰	groß	15, 25
태풍	Taifun(der, -e)	24
택시	Taxi(das, -s)	7
테니스	Tennis(das, -e)	23, 27

텔레비전	Fernseher(der, -)	12
텔레비전을 시청하다	fernsehen	18
파괴하다	zerstören	18, 24
팔다	verkaufen	19
편지	Brief(der, -e)	3, 24
평온한	ruhig	8
포도주	Wein(der, -e)	14
포크	Gabel(die, -n)	3
폭풍	Sturm(der, -e)	24
표시하다	markieren	19
프랑스어	Französisch(das, -)	25
피곤한	müde	2, 6, 27
필요하다	brauchen	14
하고싶다	möchten	6
하늘	Himmel(der, -)	24
하다	machen	19, 27
하다	tun	23
학교	Schule(die, -n)	15
학생	Schüler(der, -)	3, 4
학생식당	Mensa(die, -sen)	12
한국어	Koreanisch(das, -)	23
한번	einmal	13
~할 것이다	will(화법조동사wollen)	6
할머니	Großmutter(die, -)	6
함께 가다	mitgehen	18
함께 오다	mitkommen	18
합격하다	bestehen	23
항상	immer	15, 23
해,	Jahre(die, -) 년(das Jahr의 복수형)	13

해결하다	lösen	24
해도 된다	darf(dürfen의 3인칭 단수형)	14
해롭게 하다	schaden	26
행동하다	handeln	1
현명한	weise	15
호텔	Hotel(das, -s)	11
혹시	vielleicht	23
화려한	bunt	9
확언하다	feststellen	18
휴가	Urlaub(der, -e)	23
흡연하다	rauchen	13
흥미	Lust(die, ⁻e)	26
흥미로운	interessant	25
희망	Hoffnung(die, -en)	26
희망하다	hoffen	23
희박한	dünn	15
10월	Oktober(der, -)	17
1월	Januar(der, -e)	3
8월	August(der, -)	17

독일어 변화표

• 관사의 격 변화

수	단수						복수
성	남성		여성		중성		남성·여성·중성
격 \ 관사	정관사	부정관사	정관사	부정관사	정관사	부정관사	정관사
1	der	ein	die	eine	das	ein	die
2	des	eines	der	einer	des	eines	der
3	dem	einem	der	einer	dem	einem	den
4	den	einen	die	eine	das	ein	die

• 동사의 현재인칭 변화

	lernen	fahren	geben	lesen	nehmen	wissen	sein	haben
ich	lerne	fahre	gebe	lese	nehme	weiß	bin	habe
du	lernst	fährst	gibst	liest	nimmst	weißt	bist	hast
Sie	lernen	fahren	geben	lesen	nehmen	wissen	sind	haben
er sie es	lernt	fährt	gibt	liest	nimmt	weiß	ist	hat
wir	lernen	fahren	geben	lesen	nehmen	wissen	sind	haben
ihr	lernt	fahrt	gebt	lest	nehmt	wißt	seid	habt
sie	lernen	fahren	geben	lesen	nehmen	wissen	sind	haben

• 인칭대명사의 격 변화

수	격	1인칭	2인칭		3인칭		
			친칭	존칭	남성	여성	중성
단수	1	ich	du	Sie	er	sie	es
	3	mir	dir	Ihnen	ihm	ihr	ihm
	4	mich	dich	Sie	ihn	sie	es
복수	1	wir	ihr	Sie	sie		
	3	uns	euch	Ihnen	ihnen		
	4	uns	euch	Sie	sie		

• 소유대명사의 격 변화

수 관사 격	단수			복수
	남성	여성	중성	남성·여성·중성
1	mein Vater	meine Mutter	mein Kind	meine Taschen
2	meines Vaters	meiner Mutter	meines Kindes	meiner Taschen
3	meinem Vater	meiner Mutter	meinem Kind	meinen Taschen
4	meinen Vater	meine Mutter	mein Kind	meine Taschen

• 의문대명사의 격 변화

격	사람	사물
1	wer	was
2	wessen	–
3	wem	–
4	wen	was

• 관계대명사(1)

수 성 격	단수			복수
	남성	여성	중성	남성·여성·중성
1	der	die	das	die
2	dessen	deren	dessen	deren
3	dem	der	dem	denen
4	den	die	das	die

• 관계대명사(2)

격	사람	사물
1	wer	was
2	wessen	–
3	wem	–
4	wen	was

• 화법조동사

	dürfen	können	mögen	müssen	sollen	wollen	möchten
ich	darf	kann	mag	muss	soll	will	möchte
du	darfst	kannst	magst	musst	sollst	willst	möchtest
Sie	dürfen	können	mögen	müssen	sollen	wollen	möchten
er	darf	kann	mag	muss	soll	will	möchte
wir	dürfen	können	mögen	müssen	sollen	wollen	möchten
ihr	dürft	könnt	mögt	müsst	sollt	wollt	möchtet
sie	dürfen	können	mögen	müssen	sollen	wollen	möchten

• 형용사 변화(1)

수 성 격	단수			복수
	남성	여성	중성	남성·여성·중성
1격	alter Wein	kalte Luft	warmes Wasser	gute Leute
2격	alten Weines	kalter Luft	warmen Wassers	guter Leute
3격	altem Wein	kalter Luft	warmem Wasser	guten Leuten
4격	alten Wein	kalte Luft	warmes Wasser	gute Leute

• 형용사 변화(2)

수 성 격	단수			복수
	남성	여성	중성	남성·여성·중성
1격	der nette Mann	die nette Frau	das nette Kind	die netten Leute
2격	des netten Mannes	der netten Frau	des netten Kindes	der netten Leute
3격	dem netten Mann	der netten Frau	dem netten Kind	den netten Leuten
4격	den netten Mann	die nette Frau	das nette Kind	die netten Leute

• 형용사 변화(3)

수 성 격	단수		
	남성	여성	중성
1격	ein netter Vater	eine nette Mutter	ein kleines Haus
2격	eines netten Vaters	einer netten Mutter	eines kleinen Hauses
3격	einem netten Vater	einer netten Mutter	einem kleinen Haus
4격	einen netten Vater	eine nette Mutter	ein kleines Haus

• 능동문 시제

현재	Ich **lerne** Deutsch.	Ich **fahre** nach Berlin.
과거	Ich **lernte** Deutsch.	Ich **fuhr** nach Berlin.
현재완료	Ich **habe** Deutsch **gelernt**.	Ich **bin** nach Berlin **gefahren**.
과거완료	Ich **hatte** Deutsch **gelernt**.	Ich **war** nach Berlin **gefahren**.
미래	Ich **werde** Deutsch **lernen**.	Ich **werde** nach Berlin **fahren**.
미래완료	Ich **werde** Deutsch **gelernt haben**.	Ich **werde** nach Berlin **gefahren sein**.

• 수동문 시제

현재	Das Kind **wird** von der Mutter **geliebt**.
과거	Das Kind **wurde** von der Mutter **geliebt**.
현재완료	Das Kind **ist** von der Mutter **geliebt worden**.
과거완료	Das Kind **war** von der Mutter **geliebt worden**.
미래	Das Kind **wird** von der Mutter **geliebt werden**.
미래완료	Das Kind **wird** von der Mutter **geliebt worden sein**.

• 접속법 1식

ich	-e	mache	sehe	fahre	habe	werde	sei
du	-est	mach**est**	seh**est**	fahr**est**	hab**est**	werd**est**	sei**est**
er	-e	mache	sehe	fahre	habe	werde	sei
wir	-en	mach**en**	seh**en**	fahr**en**	hab**en**	werd**en**	sei**en**
ihr	-et	mach**et**	seh**et**	fahr**et**	hab**et**	werd**et**	sei**et**
sie	-en	mach**en**	seh**en**	fahr**en**	hab**en**	werd**en**	sei**en**

• 접속법 2식

ich	-e	sähe	führe	machte	wäre	hätte	würde
du	-est	säh**est**	führ**est**	macht**est**	wär**est**	hätt**est**	würd**est**
er	-e	sähe	führe	machte	wäre	hätte	würde
wir	-en	säh**en**	führ**en**	macht**en**	wär**en**	hätt**en**	würd**en**
ihr	-et	säh**et**	führ**et**	macht**et**	wär**et**	hätt**et**	würd**et**
sie	-en	säh**en**	führ**en**	macht**en**	wär**en**	hätt**en**	würd**en**

불규칙동사 변화표

부정형	직설법		과거분사	명령형
	현재	과거		
backen (빵을) 굽다	du bäckst er bäckt	buk	gebacken	back(e)!
beginnen 시작하다		begann	begonnen	beginn(e)!
bieten 제공하다		bot	geboten	biet(e)!
bitten 부탁하다		bat	gebeten	bitt(e)!
bleiben 머물다		blieb	geblieben	bleib(e)!
brechen 부수다	du brichst er bricht	brach	gebrochen	brich!
bringen 가져오다		brachte	gebracht	bring(e)!
denken 생각하다		dachte	gedacht	denk(e)!
dürfen 허락하다	du darfst er darf	durfte	gedurft	
essen 먹다	du isst er isst	aß	gegessen	iss!
fahren 타고가다	du fährst er fährt	fuhr	gefahren	fahr(e)!
fallen 떨어지다	du fällst er fällt	fiel	gefallen	fall(e)!
fangen 잡다	du fängst er fängt	fing	gefangen	fang(e)!
finden 발견하다		fand	gefunden	find(e)!
fliegen 날다		flog	geflogen	flieg(e)!
geben 주다	du gibst er gibt	gab	gegeben	gib!
gewinnen 이기다		gewann	gewonnen	gewinn(e)!
haben 가지고 있다	du hast er hat	hatte	gehabt	hab(e)!

부정형	직설법		과거분사	명령형
	현재	과거		
halten 잡고 있다	du hältst er hält	hielt	gehalten	halt(e)!
hängen 걸려 있다		hing	gehangen	hang(e)!
heißen 라고 칭하다		hieß	geheißen	heiß(e)!
helfen 돕다	du hilfst er hilft	half	geholfen	hilf!
kennen 알다		kannte	gekannt	kenn(e)!
kommen 오다		kam	gekommen	komm(e)!
können 할 수 있다	du kannst er kann	konnte	gekonnt	
laden 쌓다	du lädst er lädt	lud	geladen	lad(e)!
lassen 하게 하다	du lässt er lässt	ließ	gelassen	lass!
laufen 달리다	du läufst er läuft	lief	gelaufen	lauf(e)!
lesen 읽다	du liest er liest	las	gelesen	lies!
liegen 놓여 있다		lag	gelegen	lieg(e)!
mögen 일지도 모른다	du magst er mag	möchte	gemocht	
müssen 해야만 한다	du musst er muss	musste	gemusst	
nehmen 쥐다, 잡다	du nimmst er nimmt	nahm	genommen	nimm!
nennen 명명하다		nennte	genannt	nenn(e)!
raten 조언하다	du rätst er rät	riet	geraten	rat(e)!
schaffen 창조하다		schuf	geschaffen	schaffe
scheinen 빛나다		schien	geschienen	schein(e)!

부정형	직설법		과거분사	명령형
	현재	과거		
schlafen 자다	du schläfst er schläft	schlief	geschlafen	schlaf(e)!
schlagen 치다	du schlägst er schlägt	schlug	geschlagen	schlag(e)!
schließen 닫다		schloß	geschlossen	schließ(e)!
schneiden 자르다, 베다		schnitt	geschnitten	schneid(e)!
schreiben 쓰다		schrieb	geschrieben	schreib(e)!
schreien 외치다		schrie	geschrien	schrei(e)!
schwimmen 수영하다		schwamm	geschwommen	schwimm(e)!
sehen 보다	du siehst er sieht	sah	gesehen	sieh(e)!
sein 이다, 있다	du bist er ist	war	gewesen	sei!
senden 보내다		sandte (sendete)	gesandt (gesendet)	send(e)!
singen 노래하다		sang	gesungen	sing(e)!
sinken 가라앉다		sank	gesunken	sink(e)!
sitzen 앉아 있다		saß	gesessen	sitz(e)!
sollen 해야 한다	du sollst er soll	sollte	gesollt	
sprechen 말하다	du sprichst er spricht		gesprochen	sprich!
stehen 서 있다		stand	gestanden	steh(e)!
sterben 죽다		stand	gestanden	steh(e)!
tragen 나르다	du stirbst er stirbt	starb	gestorben	stirb!
treffen 만나다	du triffst er trifft	traf	getroffen	triff!

부정형	직설법		과거분사	명령형
	현재	과거		
treten 밟다	du trittst er tritt	trat	getreten	tritt!
trinken 마시다		trank	getrunken	trink(e)!
tun 하다		tat	getan	tu(e)!
vergessen 잊다	du vergisst er vergisst	vergaß	vergessen	vergiss!
verlieren 잃어버리다		verlor	verloren	verlier(e)!
waschen 씻다	du wäschst er wäscht	wusch	gewaschen	wasch(e)!
werden 되다	du wirst er wird	wurde	geworden	werd(e)!
werfen 던지다	du wirfst er wirft	warf	geworfen	wirf!
wissen 알고 있다	du weißt er weiß	wusste	gewusst	wisse!
wollen 하려고 하다	du willst er will	wollte	gewollt	
ziehen 끌다		zog	gezogen	zieh(e)!

스마트 독일어

초판1쇄 인쇄 | 2016년 9월 3일
초판1쇄 발행 | 2016년 9월 10일

지은이 | 남유선
펴낸이 | 김진성
펴낸곳 | 벗나래

편집 | 허강, 김선우, 정소연
디자인 | 장재승
관리 | 정보해

출판등록 | 2012년 4월 23일 제2016-000007
주소 | 경기도 수원시 팔달구 정조로 900번길 13 202호(북수동)
전화 | 02-323-4421
팩스 | 02-323-7753
홈페이지 | www.heute.co.kr
이메일 | kjs9653@hotmail.com

값 15,000원
ISBN 978-89-97763-11-5 93750

*잘못된 책은 서점에서 바꾸어 드립니다.